KB267248

그림엽서로 본 일본 근대

국립중앙도서관 출판시도서목록(CIP)

그림엽서로 본 일본 근대 / 도미타 쇼지 지음 ; 유재연 옮김.
서울 : 논형, 2008
    p. ;   cm. -- (일본근대스펙트럼 ; 8)

원표제 : 繪はがきで見る日本近代
원저자명 : 富田昭次
일본어 원작을 한국어로 번역
ISBN 978-89-90618-47-4 04910 : ₩15000
ISBN 978-89-90618-90-0(세트)

근대 일본사[近代日本史]

913.05-KDC4
952.03-DDC21   CIP2008002343

그림 엽서로 본 일본 근대

도미타 쇼지 지음

유재연 옮김

논형

繪はがきで見る日本近代, 富田昭次 著, 靑弓社
EHAGAKI DE MIRU NIHONKINDAI
by Shoji Tomita

그림엽서로 본 일본 근대

지은이 도미타 쇼지

옮긴이 유재연

초판 1쇄 인쇄 2008년 8월 1일

초판 1쇄 발행 2008년 8월 8일

펴낸곳 논형

펴낸이 소재두

편집 최주연, 김현경

등록번호 제2003-000019호

등록일자 2003년 3월 5일

주소 서울시 관악구 봉천2동 7-78 한립토이프라자 5층

전화 02-887-3561 **팩스** 02-886-4600

ISBN 978-89-90618-47-4 04910

가격 15,000원

기획의 말

　일본을 가깝고도 먼 나라라고 한다. 감정적인 거리를 뜻하는 말이겠지만, 학문적으로 무엇이 가깝고 무엇이 먼지 아직 불분명하다. 학문은 감정에 흔들려서는 안 된다. 지금까지 우리 학문은 일본을 평가하려고만 했지 분석하려고 하지 않았다. 더욱 일본을 알아나가는 행위는 운명적으로 우리를 이해하는 길과 통한다. 그것이 백제 멸망 이후 바다를 넘어간 도래민족의 찬란한 문화, 조선통신사가 전한 선진 중국의 문물과 같은 자랑스러운 기억이든, 혹인 임진왜란, 정유재란, 식민통치로 이어지는 아픈 상처이든 일본과 한국은 떼어놓을 수 없는 적이자 동지다.

　그런 가운데 근대는 바로 그 질서를 뒤엎는 혁명적인 시기였다. 메이지유신을 통해 서구의 기술과 문물을 적극 받아들인 일본은 동양의 근대화에서 하나의 본보기로 여겨졌으며, 그들 또한 자신들의 기준을 동양에 강제적으로 이식하였다. 근대는 한마디로 엄청난 높이, 놀라운 규모, 그리고 무서운 속도로 우리들에게 다가왔으며, 지금까지 경험하지 못한 공포와 함께 강한 매력을 선물하였다.

　'일본 근대 스펙트럼'은 일본이 수용한 근대의 원형, 그리고 그것이 일본에

뿌리내리기까지 어떤 과정을 거쳐 변모했는지를 살피고자 한다. 특히, 백화점, 박람회, 운동회, 철도와 여행 등 일련의 작업을 통해 근대 초기, 일본 사회를 충격과 흥분으로 몰아넣은 실상들을 하나하나 캐내보려 한다. 왜냐하면, 우리는 아직 그 높이, 규모, 속도를 정확히 측정한 적이 없기 때문이다. 다행히 '일본 근대 스펙트럼' 시리즈에서 소개하는 책들은 현재 일본 학계를 이끄는 대표적인 저서들로 전체를 가늠하는 데 큰 힘이 될 것이다.

물론 이번 시리즈를 통해 우리가 얻고자 하는 결실은 일본 근대의 이해만이 아니다. 이번 작업을 통해 우리는 우리 근대 사회의 일상을 조명할 수 있는 기준을 발견할 수 있을 것이다. 식민지 조선 사회를 형성하였던 근대의 맹아, 근대의 유혹과 반응, 그리고 그 근대의 변모들을 거대 담론으로만 재단한다면 근대의 본질을 놓치게 된다. 근대는 일상의 승리였으며, 인간 본위의 욕망이 분출된 시기였기 때문이다. 안타깝게도 우리는 근대 사회의 조각들마저 잃어버렸거나 무시하여 왔다. 이제 이번 시리즈로 비록 모자라고 조각난 기억들과 자료들이지만, 이들을 어떻게 맞춰나가야 할지 그 지혜를 엿보는 것도 유익할 것이다.

기획자가 백화점, 박람회. 운동회, 일본의 군대, 철도와 여행 등을 시리즈로 묶은 이유는 이들 주제가 근대의 본질, 일상의 면모, 욕망의 현주소를 보여주는 구체적인 예라고 생각했기 때문이다. 수많은 상품을 한자리에 모아서 진열하고 파는 욕망의 궁전, 그리고 새로운 가치와 꿈을 주입하던 박람회는 말 그대로 '널리 보는' 행위가 중심이다. 전통적인 몸의 쓰임새와는 전혀 다른 새로운 움직임을 보여 주었다는 점에서는 운동회와 여행은 근대적 신체가 어떻게 만들어졌으며, 근대적 신체에 무엇이 요구되었는지를 살피는 계기가 될 수도 있을 것이다. 이런저런 의미에서 근대를 한마디로 '보기'와 '움직이기'의 시대라고 할 수도 있겠다.

'일본 근대 스펙트럼'은 바로 근대라는 빛이 일본 사회 속에서 어떤 다양한 색깔을 띠면서 전개되었는지 살피는 작업이다. 또한, 그 다양성이야말로 당대를 살아갔던 사람들의 고민이자 기쁨이고 삶이었음을 증명해 보이고자 한다.

그리고 궁극적으로 한국 사회의 근대 실상을 다양한 스펙트럼으로 조명하고,
입증하는 계기가 되었으면 좋겠다.

논형 기획위원회

옮긴이의 말

아마 사십대 이상의 독자라면 수학여행이나 이런 저런 여행길에 들른 관광지에서 구입한 그림엽서 세트를 선물로 주고받은 추억이 있을 것이다. 그 중에는 그 그림엽서에 간략한 사연을 적은 편지를 주고받은 적이 있는 독자도 적지 않을 것이다. 엽서는 문자 그대로 손바닥만한 크기의 종이에 사연을 적어 보내는 통신 수단의 하나다. 발신자와 수신자의 감정 혹은 용건을 주고받는 소통의 수단이다. 그러나 이야기가 사진이나 그림으로 장식한 그림엽서에 이르게 되면 그러한 정의는 그다지 유효한 것이 못된다. 기억 저 깊숙한 곳에 있는 낡은 그림엽서를 한 번 떠올려 보라, 아니 그렇게 멀리 갈 것도 없다. 어지간한 관광지라면 선물 가게 판매대에 반드시 놓여 있을 그림엽서를 떠올리면 된다. 그림엽서를 장식한 사진이 한라산의 설경이든 동해의 일출이든 서울의 야경이든 상관이 없다. 실물보다 훨씬 더 아름답기가 십상일 그림엽서를 받아본 독자라면 분명 이런 경험이 있을 것이다. 엽서 뒷면에 적힌 사연이 연인의 사랑 고백이거나 매우 중요한 내용이 아니라면 오히려 눈길이 더 오래 머문 것은 앞쪽의 멋들어진 그림이었다는…….

아우라가 소멸된 허구의 실재인 그림엽서의 그림은 뒷면에 적힌 사연과 상관

없이 수신자의 여행 욕구를 자극하거나, 아름다운 우리 강산이 어떻다는 식으로 대한민국 국민으로서의 자긍심을 갖게 하거나, 혹은 그 현장을 본 사람에게는 추억을 환기시키는 역할을 할 것이다. 이렇듯 그림엽서는 메시지를 전달하는 소통의 도구를 넘어 다양한 의미를 만들어내고 소비하는 미디어가 된다.

도미다 쇼지의 『그림엽서로 본 일본 근대』(이하 그림엽서)는 저자가 밝히고 있듯이 미디어로서 근대의 전파자 역할을 한 그림엽서에 대한 이야기다. 저자는 이 저서보다 먼저 내놓은 『호텔과 일본 근대』(『호텔 - 근대문명의 상징』이라는 이름으로 논형 '일본 근대 스펙트럼 시리즈 7권으로 출판되었다)에서 호텔 이야기로 일본 근대의 얼개를 짜놓았는데 이 책은 그림엽서를 통해 일본 근대의 속살을 들여다 본 것이다.

『그림엽서』는 삼백장이 넘는 그림엽서들로 1953년 미국의 페리 제독이 이끈 흑선의 도래에서 1945년 패전으로 인해 점령군이 도쿄에 진주하기까지의 과정을 꼼꼼하게 배치해놓았다. 엽서가 담고 있는 메이지 시대를 전후로 약 1세기 동안의 일본 근대 발자취를 고스란히 보여주고 있는 것이다. 이 과정은 외압에 의해서든 자발적이든 개국과 더불어 시작된 서구화와 국민국가의 형성, 서구 근대의 정착, 식민지 지배와 제국주의로의 이행, 전쟁이라는 근대의 파행적 과정 등의 격동의 시기였다. 여기에서 일본인들은 때로는 천황의 적자인 충량한 신민으로, 때로는 구습을 벗어던진 문명인으로, 때로는 '상상의 공동체'인 국가 형성에 동원된 국민으로, 때로는 식민모국의 자긍심을 지닌 내지인으로, 때로는 백화점과 카페가 즐비한 긴자거리를 활보하는 모던걸 모던보이로, 때로는 식민지 지배를 위한 제국군대의 첨병으로, 때로는 패전의 멍에를 뒤집어쓴 초라한 피점령국 국민으로 다양한 페르소나로 등장한다.

따라서 『그림엽서』는 일본 근대의 형성이나 성찰과 같은 학문적 연구와는 다소 거리가 있다. 일본인들이 근대를 어떻게 받아들이고, 어떻게 내면화 했으며, 어떻게 재생산 혹은 확대시켜나갔는지를 엽서라는 실증 자료를 통해 보여줄 뿐이다. 독자들께서는 퍼즐과도 같은 엽서의 배치를 따라 일본 근대를 산책하면 될 것이다. 그리고 엽서가 생산되고 소비된 당대의 현실을 떠올리며 그림엽서가 미디어로서 어떤 기능을 했겠는지에 대해 상상력을 동원한다면 일본 근대의 과정이라는 거대한 그림이 그려질 것이다.

『그림엽서』는 저자가 호텔 연구사의 일환으로 수집한 그림엽서를 바탕으로 집필한 책이다. 호텔 연구의 곁가지 인 셈이다. 그러자 역자가 보기에는 오히려 곁가지가 더 돋보일 만큼 이 책이 지니는 무게는 가볍지가 않다. 일본의 근대라는 무거운 주제를 이 책만큼 흥미롭게 펼쳐놓은 책이 발견하기 힘들뿐 더러 시대의 흐름을 따라 일목요연하게 정리된 근대 형성 과정의 사건이나 사항이 그 자체로 훌륭한 교과서 역할을 하기 때문이다. 도중 곳곳에 배치된 특집은 거대한 근대사의 물줄기를 따라가다가 잠시 한숨을 돌리며 시대의 상황과 국민들의 일상을 엿보게 해주는 여유 공간이 될 것이다. 물론 『그림엽서』를 통해 어떤 여행을 하게 될 지는 독자들의 몫이다.

그림엽서는 이제 사어(死語)가 될 운명을 맞이하게 될지도 모른다. 새해 인사로 주고받던 연하장이 그랬듯이. 지금은 연령의 적고 많음을 막론하고 디지털 카메라나 휴대전화를 통해 간단하게 '풍경' 을 주고받는다. 이미 탈근대적 환경에 놓인 신세대들에게 그림엽서는 고리타분한 골동품처럼 보일지도 모르겠다. 그러나 지금의 휴대전화가 소통의 문화를 혁명적으로 변화시켰듯이 그림엽서가 근대의 전파자로서 어떤 역할을 했는지 살펴보는 것은 우리의 삶과 미디어의 관계를 성찰하는 근거를 마련해줄 것이라 생각된다.

번역 작업을 하면 할수록 어렵고 부끄럽다는 생각이 더해간다. 우리말에 대한 빈약한 지식 때문이다. 역자의 빈약한 지식을 보충해준 분들에게 감사드린다. 특히 논형 출판의 이종욱 편집위원의 도움이 컸다. 아울러 원고를 책으로 만들어 주신 다른 편집위원들에게도 감사드린다. 아울러 어려운 여건 속에서도 출판을 허락해주신 소재두 대표님께도 송구스런 마음 전한다.

옮긴이 유재연

차례

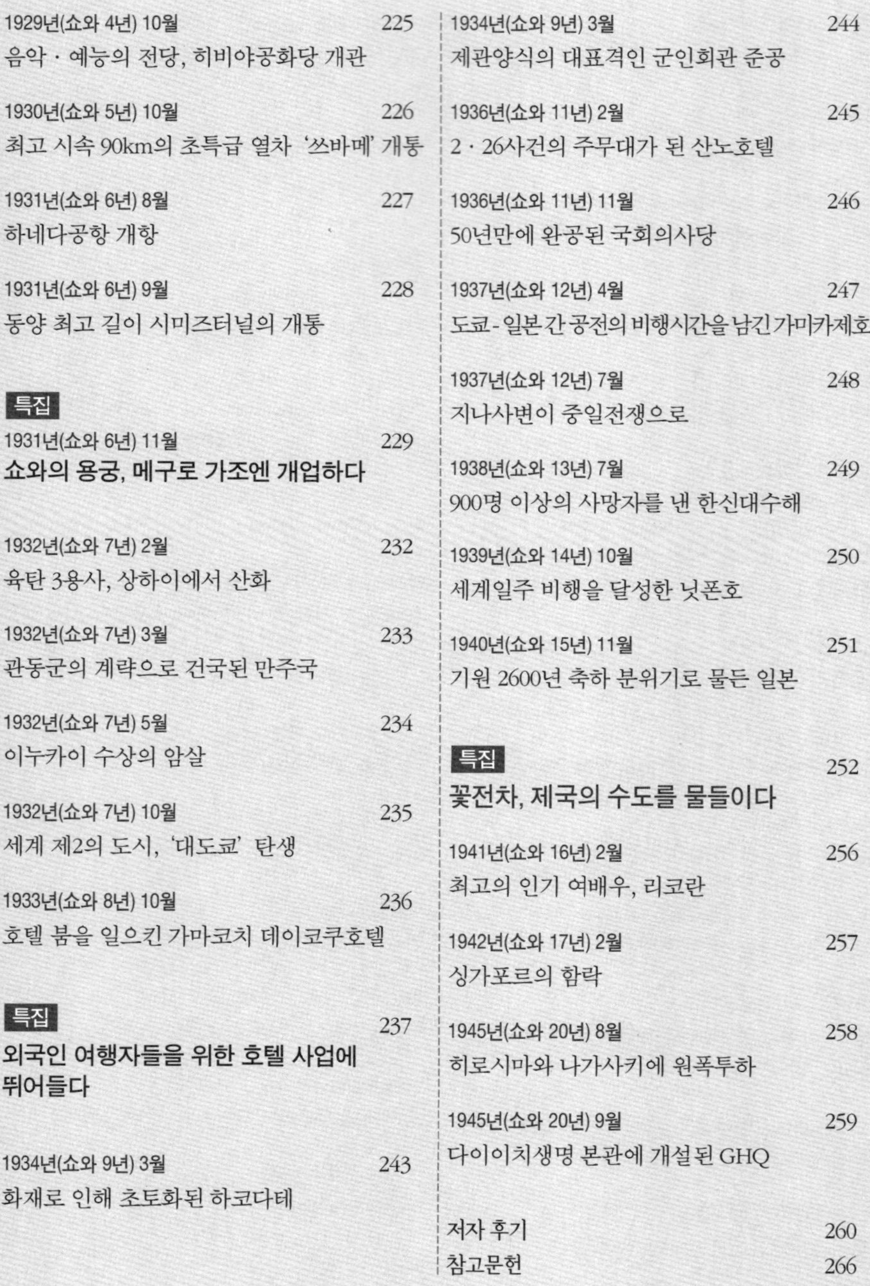

머리말

매주 발행된 『시사그림엽서』

　필자에게 1922년(다이쇼 12년) 8월 12일에 발행된 『시사그림엽서(時事繪葉書)』라는 자료가 있다(그림 ①). 발행한 곳은 도쿄시 아사쿠사(淺草)구의 지지(時事)화보사. 매주 토요일 발행했는데 봉투 겉면에는 제7호라고 인쇄되어 있다.

　봉투에는 다섯 장의 엽서가 들어 있고, 그 중에는 "지난 8월 8일 일본에 온 남양 신영토 관광단 일행은 당일 아사쿠사공원을 구경했다"고 기록된 것이 있다(그림 ②).

　그로부터 8년을 거슬러 올라간 1914년(다이쇼 3년) 7월에 발발한 제1차 세계대전에서 일본은 그 다음 달인 8월 영일동맹을 근거로 독일에 선전포고를 했

（No. 7）　八月八日過般來朝したる南洋新領土觀光團一行は本日淺草公園を見物せり

❷

八月廿六日　勘察加に於て沈没せる軍艦新高乘組員三百餘名の内辛し
て萬死に一生を得たる幸運兒見る　（No. 15）

❸

다. 10월 14일에는 사이판섬을 점령하여 적도 이북의 독일령이던 남양의 여러 섬, 즉 파라오, 캐롤라인, 마셜, 마리아나 등을 점령했다.

제1차 세계대전 뒤 베르사유조약에서 일본 정부는 구 독일령 남양 섬들의 위탁통치권을 요구하여 이를 정식으로 획득한 다음, 파라오에 남양청 본청을 두고 사이판과 야프 등에 지청을 설치했다. 그런 경위로 남양인들과 일본인들의 관계가 맺어졌고, 관광단으로 일본에 오게 되었다. 그 내용이 그림엽서에 고스란히 담긴 것이다.

또 『시사그림엽서』와 같은 해에 발행된 그림엽서에는 "감차카에서 침몰한 군함 니타카(新高) 승무원 중 구사일생으로 살아난 행운아"라는 설명이 적혀 있다(그림 ③). 이는 감차카 방면을 경비하던 군함 니타카가 8월 26일 새벽 폭풍우를 만나 327명의 조난자를 낸 대형 해상사고를 알리기 위한 것으로, 엽서에는 생환한 병사들이 담겨 있다.

사체 사진을 실은 그림엽서

그림엽서는 여러 재해의 모습을 다루기도 했는데, 그 대표적인 것이 간토대지진이었다. 본문에서도 다루고 있듯이 대지진으로 희생된 많은 사체가 선명하게 찍힌 그림엽서가 유통되었다. 필자도 실물 엽서를 여러 차례 보았지만, 구입할 마음이 내키지 않았다.

미쓰무라인쇄소의 창업 인물전 『미쓰무라 요시모전(光村利藻傳)』(1964년)에 의하면 그림엽서를 판매하는 상인들이 재난 풍경을 촬영하여 그림엽서에 담아 판매하자며 요시모에게 가져왔다고 한다. 요시모는 자료수집을 하느라 정신이 없어 9월 10일 경부터 인쇄를 개시했다. 판매상들은 점포가 붕괴되었기 때문에 공장 일부를 빌려 판매했다. 집이나 직장을 잃은 사람들이 그림엽서를 사다가 노점에서 팔자 순식간에 동이 났다. 그 이야기를 들은 사람들이 그림엽서를 사겠다고 연일 몰려드는 바람에 200~300m의 장사진을 이룰 정도였다고 한다.

일본의 핵심 도시가 막대한 타격을 받았다는 사실은 널리 알려져야 할 사항이었는데, 그런 점에서는 재난을 다룬 그림엽서가 중요한 역할을 한 측면도 있었다.

그러나 모든 그림엽서가 진실을 담은 것은 아니었다. 개중에는 미심쩍은 것도 있었다. 자세히 보면 알 수 있듯이 붓으로 불꽃이며 연기를 그려 넣은 조잡한 것들도 유통되었다. 당시 신문에는 "그림엽서는 불도 대충, 연기도 대충 그린다네"라는 센류(川柳, 인생사나 세태·풍속을 주로 풍자와 익살로 묘사하는 일본 전통의 짧은 시—옮긴이)가 실렸다고 한다.

그림엽서는 일반적으로 관광지의 기념품이나 통신수단의 하나로 알려져 있다. 그러나 위와 같은 사례를 보면 그림엽서는 그런 일반적인 통념 이상의 '보도 미디어'라는 성격을 갖고 있었던 것 같다. 게다가 맨 앞의 예에서도 보았듯이 정기적으로 발행된 것도 있었다. 지금의 주간 화보지 역할을 그림엽서가 한 셈이다.

그림엽서 붐이 일다

체신성(遞信省)은 1904년(메이지 27년) 9월에 러일전쟁 전승기념 그림엽서를 발매했다. 전쟁터의 모습을 알리는 것이 그림엽서의 인기를 촉발시켰다. 체신성은 그 후 약 2년에 걸쳐 전 5회 13종의 기념엽서를 발행했는데, 발매일에는 우체국 앞이 엽서를 구입하려는 사람들로 장사진을 이루었다고 한다. 장사진 정도가 아니라 밀고 밀치던 사람들이 깔려 부상자가 나올 정도의 소동이었다.

한편 민간의 그림엽서 발행도 1900년(메이지 33년)부터 인가가 났는데, 러일전쟁을 계기로 발행이 폭증했고, 아울러 판매점도 급증했으며, 그림엽서를 교환하며 전람회까지 열리게 된다. 게다가 그림엽서 잡지까지 발행되었다. 먼저 『엽서문학(はがき文學)』이 1904년(메이지 37년)에 창간된다. 이듬해에는 『엽서신지(はがき新誌)』와 『엽서세계(端書世界)』가, 그리고 그 이듬해에는 본문에서 언급한 『그림엽서세계(繪葉書世界)』가 탄생한다(139쪽 참조). 나중에는 『그림엽서월보(繪葉書月報)』며 앞서 언급한 『그림엽서세계』와 같은 이름의 잡지가 발행되었다.

수많은 기행문을 남긴 다야마 가타이(田山花袋, 1872~1930. 소설가, 『이불(蒲團)』, 『시골교사(田舍教師)』 등 자연주의적 작품을 발표. 자연주의의 대표적인 작가－옮긴이)는 그림엽서 붐에 대해 『그림엽서세계』 1912년(메이지 45년) 5월호에 이렇게 썼다.

"그림엽서는 세간의 총아가 되었다. 홍수가 났느니, 화재가 났느니, 꽃이 피었느니, 비행기가 떴느니 하면 그림엽서 업자들은 혈안이 되어 방방곡곡을 뛰어다니며 재빨리 새로운 것들을 만들어 가게 앞에 진열해놓는데 그때마다 많은 사람들의 시선을 끈다. 하여간 그림엽서는 시대의 총아다"(아울러 이 글은 도쿄의 신주쿠 구립 신주쿠박물관이 1999년(헤이세이 11년)에 개최한 "항간의 목격자－그림엽서로 본 메이지·다이쇼·쇼와" 도록(圖錄)에도 실려 있다).

다야마 가타이는 이렇듯 보도 미디어로서 그림엽서의 가치를 높게 평가했다.

그림엽서의 예술적 가치

그러나 그림엽서는 문자 그대로 그림을 담은 엽서였다. 이 14cm×9cm의 작은 종이 조각은 회화의 새로운 발표의 장이 되었던 것이다.

수채화 전문지로 1905년(메이지 38년)에 창간된 『수채화(みずゑ)』에는 「그림엽서 경기회(繪葉書競技會)」라는 투고란이 있어 젊은 화가들이 왕성하게 투고를 했다. 요로즈 데쓰고로(萬鐵五郎)는 단골 고객 중 한 사람이었다.

또 수채화 풍경 그림엽서는 잘 팔리기도 했다. 수채화가인 미야케 가즈키(三宅克己)처럼 그림엽서를 파는 장사꾼들이 부처님께 합장을 하듯이 "제발 작품 좀 그려주십시오" 하며 끈질기게 부탁을 받던 화가도 있었다. 1900년 경부터 유행한 수채화가 그림엽서 붐을 타고 확산된 것 같다.

그림엽서를 미술작품의 일환으로 수집한 인물도 있다. 미국 화장품회사 에스티 로더의 회장 레너드 로더가 그렇다. 그의 컬렉션은 2004년 10월 도쿄 체신종합박물관에서 열린 '아름다운 일본의 그림엽서전'에서 모처럼 모국으로 돌아와 전시되었는데, 로더는 도록(圖錄)에서 "내가 일본 그림엽서를 모으게 된 주된 요인은 엽서의 미적 가치와 문화유산으로서의 가치를 발견했기 때문이다"라고 했다.

그 중에서 로더는 특히 수채화 그림엽서에 매료되었다고 한다. 인쇄기술이 미처 발달이 되지 않았던 메이지시대에는 그림엽서를 한 장 한 장 손으로 색칠했다. 어떤 인쇄소는 집에 있는 여성에게 의뢰하여 숙련된 기술을 익히면 세부 색칠을 맡겼다고 한다. 손재주가 좋은 일본인이어서 가능했던 수제품 그림엽서라 할 수 있겠는데, 로더는 이를 "한 장 한 장이 모두 다른 예술작품이었다"고 평했다.

로더는 또 "제1차 세계대전이 시작되기 전 일본에 머물던 서양인 중에는 그림엽서의 예술적 가치에 주목하여 모국에 가져간 사람도 있었다"고 술회한다.

물론 일본인 중에도 그림엽서의 예술적 가치를 높이 평가한 사람도 많았다. 그래서 수채화가에게 주문을 하는 업자들도 나타났고 1905년(메이지 38년) 9월에는 도쿄 우에노(上野)에서 일본그림엽서전람회가 열리기도 했다. 이 전람회는 15일이라는 짧은 일정에도 불구하고 많은 사람들이 전람회장을 메웠다고 한다. 또 같은 해에 오사카에서도 전람회가 개최되었다.

그림엽서는 보도 미디어임과 동시에 하나의 예술이었던 것이다.

근대의 풍경이 떠오르다

그림엽서에는 충분한 예술적 가치가 있었다.

그런데 아동문학가로 그림엽서에 조예가 깊었던 이와야 사자나미(岩谷小波)는『그림엽서월보(繪葉書月報)』1911년(메이지 44년) 3월호에서 이렇게 말했다.

"지금은 전적으로 실용의 시대다. 그런데 이것을 미술품으로 취급하는 것은 잘못된 일이다. 미술품 취급을 하니까 자연 고급스럽다는 생각이 들어 두 장 살 것을 한 장만 사게 된다. 따라서 앞으로 그림엽서를 절대 미술품으로 취급해서는 안 된다"(아울러 이 글은 앞에 나온『항간의 목격자』도록에도 실려 있다).

이와야는 그림엽서 업자라면 세상일에 민감해야 한다고 역설한다. 어떤 사건에 대한 기념 그림엽서를 발행하면 시간이 흘러도 그때의 일들을 떠올릴 수가 있고 감흥이 각인된다는 것이다.

시장성을 생각한다면 미술품에 머무르기보다 미디어로서 활용하는 쪽이 발전 가능성이 크다는 것이 이와야의 생각이었다.

이 책도 마찬가지로 그림엽서를 미디어로서 주목했기 때문에 생각해낼 수 있었다.

필자가 그림엽서에 흥미를 가진 것은 거기에 담긴 풍경이며 건물, 그리고 인물이었다. 아울러 그 그림엽서와 마주하는 쪽에서 무슨 일이 일어났는지를 조사해보려고 했다.

그렇게 흥미를 갖고 그림엽서 사료를 수집해가다가 마침내 하나의 착상이 떠올랐다. 그림엽서만으로도 시대를 따라 배열하다 보면 일본 근대의 풍경이 어렴풋하게나마 윤곽이 떠오를 것 같다는 생각이었다.

근대라는 시대는 강 위에 철교를 가설하고 포장된 도로에 노면전차가 달리게 했다. 지금까지와는 전혀 다른 교육제도며 군대제도가 사람들에게 새로운 시대의 가치관을 심어주었다. 시가지 중심에는 역사며 현청사와 같은 권위 있는 건물들이 들어서고, 사람들의 일상 속에 새로운 오락이나 스포츠 등이 침투했으며, 새로운 대중문화가 형성되었다. 온갖 것들이 노도처럼 밀려들던 시대, 그것이 근대며 그림엽서는 그 격동의 시대를 기록한 매우 귀중한 미디어였던 것이다.

이 책은 이른바 일본 근대사의 조각퍼즐 맞추기다. 이들 그림엽서의 집합체가 완성한 그림은 어떤 모습일까?

일러두기

➡ 인명과 지명은 원칙적으로 원음으로 표기했다.

➡ 그 밖의 고유명사도 원음 표기를 원칙으로 했으나 우리에게 익숙한 말은 일반적으로 사용되는 발음으로 표기 했다.(예 관동(關東)대지진 → 간토대지진으로 했으나 만주의 관동(關東)군은 그대로 관동군으로 했다)

➡ 설명이 필요한 부분은 옮긴이 주를 넣었다. 주는 일본어판 구글, 『위키백과』, 『고지엔(廣辭苑)』 등을 참고로 했다. 설명이 틀린 부분이 있다면 전적으로 옮긴이의 몫이다.

▲ 1885년(메이지 18년) 우편기선 미쓰비시회사와 공동운수회사가 합병하여 닛폰유센(日本郵船)회사로 거듭났다. 오사카상선과 도요(東洋)기선 등과 함께 근대 일본 해운 발전의 원동력이 되었다. 다이쇼시대에는 이러한 그림이 실린 달력을 고객들에게 나누어 주었다고 한다.

▲ 고베의 메리켄부두. 개항에 앞서 1867년(게이오 3년) 미국 영사관이 부두에 건설되어 메리켄부두라 불리게 되었다. 오른쪽에 오리엔탈호텔, 왼쪽에는 홍콩상하이은행(HSBC)이 보인다. 메이지 말기의 풍경이다.

▼ 위의 오리엔탈호텔과 함께 화려한 시대를 장식한 도아호텔. 1907년(메이지 40년) 독일인이 개업했다. 설계는 시모타 기쿠타로(下田菊太郎)가 했다. 녹음이 우거진 높은 곳에 위치한 환경으로 인해 리조트 분위기를 자아냈다.

▲ 그림엽서에는 '도지마카와(堂島川)댐'이라고 적혀 있는데, 실은 이미 오염이 진행되고 있던 하류의 호리카와(堀川)를 정화하기 위해 건설된 도지마카와 둑을 말한다. 1929년(쇼와 4년) 완성. 지금은 일반적으로 스이쇼바시(水晶橋)라 불린다. 연속된 아치형의 장식이 아름답다.

▼ 해자(垓字) 옆에 건설된 도쿄카이칸(東京會館)과 그 앞을 달리는 노면전차. 도쿄카이칸은 재계의 실력자 후지야마 라이타(藤山雷太)가 사교장 시설을 원했던 것이 계기가 되어 1922년(다이쇼 11년)에 개업. 맨 위층에 호텔을 만들려고 했는데 고쿄(皇居)가 내려다보이는 위치라서 인가가 나지 않았다고 한다.

奉祝花自動車　（御大禮奉祝記念）

▲ 국가적인 축하행사에 맞추어 시내에는 꽃전차며 꽃자동차가 다녔다. 그림엽서는 1928년(쇼와 3년) 쇼와 천황 즉위식 때의 꽃자동차. 도쿄에서는 각기 다른 장식을 한 19종의 꽃자동차가 운행되었다.

▼ 간토대지진 후인 1930년(쇼와 5년) 제도(帝都) 부흥 기념의 일환으로 발행된 그림엽서. 세트로 발행된 것 중의 한 장이다. 긴자(銀座)에서 본 니혼바시(日本橋)와 스미다가와(隅田川)에 놓인 기요스바시(清洲橋) 사진이 실려 있다.

▲ 천황의 고신에이(御眞影)를 보관하던 봉안 금고. 고신에이란 천황의 초상화와 사진을 말하는데 메이지시대부터 전국 소학교 등에 보급되었다. 학교에서는 고신에이와 교육칙어를 소중하게 보관하기 위해 교사(校舍)와 떨어진 곳에 봉안전을 만들거나 금고를 설치하기도 했다.

▲ 만주는 온천이 풍부한 토양으로 이곳에 이주한 일본인들에게는 더 없는 휴양지였다. 그림엽서는 3대 온천의 하나인 탕강쯔(湯崗子)온천에 있는 여관(旅館)인 류센(龍泉)별장. 외관은 중국풍인데 내부는 외국인을 위해 서양식의 29개 객실로 꾸몄다.

▲ 닛폰유센의 닛타마루(新田丸). 1940년(쇼와 15년) 완공되었으며, 정기 여객선으로는 마지막 광채를 드러낸 호화여객선이다. 일등객실 전실에 냉방설비를 갖춘 것은 대형 여객선으로는 세계 최초. 그러나 2년 후에는 해군에 매각되어 항공모함으로 개조되었다가 그 이듬해에 침몰되었다.

▼ 1920년(다이쇼 9년)에 완성한 전함 나가토는 당시로서는 세계 최대. 세계 최초로 40cm 주포 8문을 탑재. 전함 야마토(大和)와 무사시(武藏)가 등장하기까지 최강을 자랑했다. 패전 후에 미군에게 접수되었다가, 1946년(쇼와 21년) 비키니 섬 앞바다에서 원폭실험의 표적이 되어 해초더미와 함께 사라졌다.

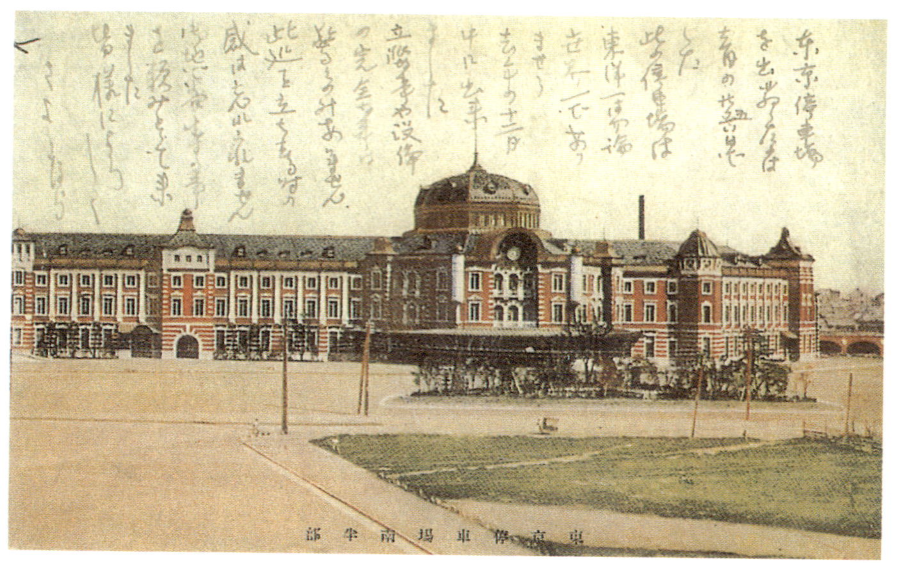

▲ 철골과 벽돌로 지은 도쿄역은 1914년(다이쇼 3년) 완성. 처음에는 중앙정차장이라는 명칭으로 계획이 추진되었다가 최종적으로는 도쿄역으로 결정. 역이 완성된 1년 후에는 2, 3층의 남쪽 부분에 도쿄스테이션호텔이 우여곡절 끝에 문을 열었다.

▼ 쇼치쿠(松竹)가 쓰키지에 세운 도쿄극장. 스페인 양식의 호화로운 장식에 전동식 회전무대를 도입, 오페라 상연도 할 수 있도록 설계했다. 좌석 수는 약 1900석. 1930년(쇼와 5년) 완성. 3월 29일 오노에 바이코(尾上, 유명한 가부키 배우의 한 사람으로 주로 여자 역할을 맡았다―옮긴이) 등이 출연한 오키나산반소(翁三番叟, 일본 전통 예능인 노가쿠[能樂] 중 하나―옮긴이)로 막을 열었다.

페리 제독. 내항 당시는 그를 익살맞게 묘사한 가와라반(瓦板) 에도(江戶)시대 찰흙에 글이나 그림 등을 새겨 기와처럼 구운 판으로 인쇄한 속보 기사판—옮긴이)이 많이 나돌았다. 그림엽서는 1929년(쇼와 4년) 발행.

1853년(가에이 6년) 7월

페리 제독의 내항

미국 동인도 함대사령관장 매슈 페리(Matthew Calbraith Perry)는 이 해 7월 8일(음력 6월 3일) 군함 4척을 이끌고 우라가(浦賀) 앞바다에 모습을 드러냈다. 흔히 말하는 '흑선(黑船) 도래' 다.

이 사태에 일본 전국은 경악을 금치 못했고, 그 선박들을 '흑선' 이라 불렀다. 실제로 부식과 물이 새는 것을 막기 위해 배에 검은 콜타르를 칠했는데, 흑선이라는 호칭의 이면에는 미지의 사물에 대한 공포심도 있었다. 그러나 일부 민중들 사이에는 공포심보다는 호기심이 더 강해, 흑선 구경 금지령을 내렸으나 그림이나 일기를 남긴 사람들도 나타났다.

페리의 목적은 이러했다. 일본 연안에서 조난당한 미국 선박 승조원들의 보호를 요청하고, 미국 선박에 연료나 물, 식량을 제공할 수 있는 보급항과 미일 간의 무역이었다.

그는 대통령의 국서를 일본 측에 전달하고 '내년 봄' 다시 방문을 하겠다는 말을 남기고 열흘이 채 못 되어 일본을 떠났다. 그리고 이듬해 2월 약 1900명의 승조원들과 함께 8척의 함대를 거느리고 다시 모습을 드러냈다.

그 사이 일본에서는 개국을 둘러싼 의견이 분분했고, 네덜란드에 조언을 얻기도 했다. 그래서 나온 결론은 개국. 페리 일행은 요코하마촌(橫浜村)에 상륙하여 미일화친조약을 맺었다.

나라(奈良)의 명승지 사루사와노이케(猿澤の池) 근처에 멈춰 서 있는 인력거. 나라지방에는 1872년(메이지 5년)부터 인력거가 등장했다. 여성이나 어린이들이 인력거로 사루사와노이케를 한 바퀴 도는 것이 오락처럼 되어 있었다고 한다.

1870년(메이지 3년) 3월

인력거 제조와 영업 허가

인력거를 창안한 사람에 대해서는 여러 가지 설이 있다. 엘리자 시드모어(Eliza Ruhamah Scidmore)는 『일본·인력거 여정』에서 미국인이 발명했다고 기록하고 있다. 아마 조나단 고불(Jonathan Goble)을 지칭한 듯하다. 그는 페리의 일본 원정 당시 수병으로 참가했다가 훗날 선교사가 되었다.

창안자가 누구인가 의견이 분분하지만, 이 해 3월 22일 도쿄부청으로부터 인력거 제조와 영업허가를 딴 것은 이즈미 요스케(和泉要助), 스즈키 도쿠지로(鈴木德次郎), 다카야마 고스케(高山幸助) 세 사람이다.

이 새로운 교통수단은 수 년 내에 전국으로 퍼져나갔다. 그만큼 편리한 탈 것이었기 때문이리라. 또 부현의 행정이 인력거 영업을 장려한 것도 한몫 했다.

그러나 승합마차와 노면전차가 도입되면서 인력거를 이용하는 사람들도 점차 감소한다. 인력거가 정점에 달한 것은 1896년(메이지 29년)이다. 그래도 한동안은 수요가 있었다. 도쿄역 앞에서 완전히 자취를 감춘 것은 1938년(쇼와 13년) 3월 말이다.

한편 인력거 수출의 정점은 메이지 말기인 1910년(메이지 43년). 중국이나 만주, 인도 등에 활발히 수출되었다. 위의 세 사람은 그 공로를 인정받아 1900년(메이지 23년) 상훈국(賞勳局)으로부터 표창을 받았다.

그림엽서는 우편사업 개시 50주년을 기념하기 위해 발행된 것. 메이지 중반까지만 해도 우편배달부 복장은 에도 시대의 자취를 느낄 수 있었다. 아울러 그림 왼편의 해설에 연호가 '메이지 3년'으로 되어 있는 것은 오기(誤記)인 듯하다.

1871년(메이지 4년) 3월

'신식' 우편제도 시작

마에지마 히소카(前島蜜, 1835~1919. 메이지시대 관료·정치가. 일본 근대 우편제도의 창설자—옮긴이)가 에키테이곤노세이(驛遞權正, 우편업무를 총괄하는 관직—옮긴이)가 되고 나서 4일째인 1870년(메이지 3년) 5월 30일의 일로, 당시 도쿄 - 간사이(關西) 간 비각편(飛脚便) 공문서 운송비용이 월 1500냥이라는 것을 알게 되었다. 마에지마는 『우편창업담(郵便創業談)』에서 "이 날이야말로 제국 우편을 위한 한 알의 씨앗을 내 가슴에 심은 날입니다"라고 털어놓았다. 즉, 그 금액을 자본금으로 하여 도쿄 - 간사이 간에 새로운 통신제도를 개설하면 좋겠다고 생각한 것이다.

과거 마에지마는 나가사키에서 미국 선교사 차닝 윌리엄즈(Simon Channing Williams)로부터 미국의 우편제도에 대한 개략적인 설명을 들은 적이 있었다. 그때 마에지마는 우표의 존재를 알게 되었고, 우편의 중요성도 깨달았다고 한다.

그 후 일 년이 채 못 되어 기존의 비각편과는 전혀 다른 제도를 사람들에게 알리기 위해 일부러 '신식'이라는 수식어를 붙여 우편제도를 개시한 것이다. 또 '편지쓰는 법'을 정리하여 사람들에게 이용법을 알리고 제도의 보급에 힘썼다.

그런 열성 때문인지 우편사업은 이듬해 7월에는 전국 규모로 확대되었고 민간의 협력을 얻은 우편취급소가 1120군데를 넘어섰다.

1877년(메이지 10년) 1월에 조폐국으로 개칭. 창업 당시의 건물은 1928년(쇼와 3년)부터 10년에 걸쳐 벽돌 건물에서 철근 콘크리트로 개축되었다. 그림엽서는 개축 전의 모습.

1871년(메이지 4년) 4월
오사카에 설치된 조폐료

메이지 정부는 한시라도 빨리 양질의 화폐를 만들기 위해 오사카에 조폐료(造幣寮)를 설치하기로 했다. 그런데 왜 오사카였을까? 막부를 무너뜨리는 데 필요한 자금을 댄 간사이 재계에 대해 새 정부는 감사하는 마음을 갖고 있었다는 점, 당시 도쿄의 정치 정황이 불안했다는 점, 오사카 천도론이 풍문처럼 떠돌고 있었다는 점 등에 기인한 것 같다.

그런데 조폐료는 화폐를 만드는 데는 깨끗한 물이 필수적이었기 때문에 당시 '청정수역' 으로 불리던 요도가와(淀川) 근처가 건설지로 선정되었고, 18만 5000m²(5만 6000평)의 광대한 부지에 영국인 토머스 월터스(Thomas James Walters)의 설계로 완성되었다. 또 조폐기는 폐쇄된 지 얼마 안 된 영국의 홍콩조폐국 설비를 사들였다.

당초는 영국인 토머스 킨더(Thomas Kinder, 전 홍콩조폐국장)를 조폐 수장으로 하여, 그를 포함한 기술지도 담당 오야토이(메이지유신 후 선진국의 학예 · 기술 · 제도 등을 배우기 위해 관청이나 학교에 초빙한 구미인—옮긴이) 외국인 8명 외에 212명으로 제조에 착수했다.

또 석탄가스를 제조하여 공장과 가로등으로 사용했다. 가로등만 해도 65기나 되어, 매일 밤 수많은 사람들이 구경을 하러 모여들었다. 그리고 18년 후에는 오야토이 외국인들은 모두 떠나고 1889년(메이지 22년) 4월부터 일본인만의 기술로 제조할 수 있게 된다. 오 전짜리 백동 화폐가 첫 작품이었다.

도쿄 나가타초(永田町)에 1878년(메이지 11년) 준공한 육군성(이 그림엽서에 실린 육군대신 이시모토 신로쿠(石本 新六)는 메이지 말기에 취임).

육군성과 해군성 발족

이 해 2월 병부성(兵部省)을 폐지하고 육군성(陸軍省)과 해군성(海軍省)이 설치되었다. 순서대로 열거하면 1868년(게이오 4년)에 창설된 해육군과가 군방(郡防)사무국, 군무관(軍務官), 병부성으로 되었다가 조직에 대한 재검토가 이루어졌다.

이러한 조직개편과정에서 육군의 모체가 될 기구가 탄생한다. 1871년(메이지 4년) 2월에 창설된 고신페이(御新兵)와, 같은 해 4월에 설치된 히가시야마(東山, 이시마키[石卷])와 사이카이(西海) 고쿠라(小倉)의 진다이(鎭臺, 메이지 전기 육군의 군단을 일컫는 말―옮긴이)다. 전자는 그 반수가 사쓰마(薩摩)번병으로 구성되었던 것을 국군으로 조직한 것. 후자는 곧바로 다시 도쿄, 오사카,
진제이(鎭西, 구마모토), 도호쿠(東北, 센다이)에 설치된 군정기관이다(나중에 나고야(名古屋)와 히로시마에도 설치되었다).

이들은 모두 과도기 조직이며, 육군성과 해군성으로 분리되면서 비로소 조직이 뼈대를 갖추기 시작했다고 할 수 있다.

그런데 메이지유신 직후는 외국의 침략에 대비한 해군 창설이 우선시되면서 정부에서는 '해육군'이라는 말이 통용되었다. 그러나 최종적으로는 국내의 치안유지가 중시됨에 따라 육군으로 무게중심이 옮아갔고, 육군성과 해군성이 발족한 이 해에는 '육해군'으로 바뀌었다.

미국인 건축가 브리젠스(Richard P. Bridgence)가 설계한 초대 신바시(新橋)역. 목재 골조에 석재를 입힌 2층 건물 2동과 목조 1층 건물 1동으로 구성되었다. 요코하마역도 설계가 같다. 최초의 기관차는 영국에서 수입한 것으로 기관사도 오야토이 영국인이었으며, 일본인 기관사가가 탄생한 것은 1879년(메이지 12년)이다.

1872년(메이지 5년) 9월

신바시와 요코하마를 53분만에 연결하는 철도 개통

국민의 생활과 관련된 업무를 담당하는 정부조직인 민부성(民部省)의 오쿠마 시게노부(大隈重信) 차관과 부하인 이토 히로부미(伊藤博文)는 철도 건설에 지대한 관심을 보였다. 거기에 영국 공사 해리 팍스(Sir Harry Smith Parkes)도 근대화를 위해 철도를 건설해야 한다고 정부에 진언, 1869년(메이지 2년) 11월 10일 정부는 철도 건설을 정식으로 결정했고 첫 단계로 신바시 - 요코하마 간의 노선을 계획했다. 그러나 선로 주변 땅의 소유자 중에는 병부성이나 사쓰마(薩摩)번과 같이 측량에 반대하는 세력들도 있어 3분의 1은 연안지역을 매립해서 건설했다.

실제 철도 건설은 젊은 영국인 기사 에드먼드 모렐(Edmund Morel)을 중심으로 진행되었고, 이 해 9월 12일 메이지 천황이 참석해 화려한 개업식을 치르고 다음날인 13일 개통했다(훗날 철도기념일은 12일의 양력에 해당하는 10월 14일로 정했다). 신바시 · 요코하마 간(중간에는 시나가와(品川), 가와사키(川崎), 쓰루미(鶴見), 가나가와(神奈川) 네 곳의 정차장을 설치)의 29km를 53분에 주파했다. 예전 인력거로 예닐곱 시간 걸리던 것을 대폭 단축시켰다.

운임은 서민 입장에서 보면 상당히 비쌌지만 개통 후 약 1개월 간의 하루 평균 승객 수(1일 8차례 왕복)는 3650명이었다고 한다.

기마 복장의 천황. 러일전쟁 선전포고를 할 때 내린 조칙(천황이 공적으로 의사표시를 하는 문서)에 이 그림을 두루마리 통에 넣어 공공기관에 배포하여 국민들의 전쟁에 대한 의식을 부추겼다.

군복을 입은 천황

천황은 이 해 3월 스스로 단발을 실행함으로써 국민전체에 단발을 촉구했고, 6월에는 프랑스식 군복 착용을 결정했다. 초기 육군에서 프랑스식 교육을 채택한 결과인데 이전의 헤이안(平安)시대(794~1185년경. 794년에 환무천황이 헤이안쿄[지금의 교토]로 도읍을 옮긴 해로부터 가마쿠라(鎌倉) 막부가 성립되기까지 약 390년 간을 가리키는 일본사 시대구분의 하나─옮긴이)를 연상시키는 예복 차림에 비하면 상상할 수도 없는 엄청난 변화였다. 군복 차림은 서양에 대한 모방이라 일컬어지며, 이 또한 근대화의 한 과정이었다.

마침내 천황은 군복 차림으로 관병식(觀兵式)이며 훈련에 입회하게 된다. 병사들은 최고 지휘관으로서의 천황을 직접 볼 수 있었고 천황을 받들어 모신다는 의식을 자연스럽게 갖게 되었다.

그렇지만 초기의 군대는 기반이 약했다. 그로 인해 군부는 천황의 권위에 의존하여 군인 칙유를 내림으로써 군기를 확립했다. 1882년(메이지 15년) 1월의 일이다. 아울러 이 시기를 전후로 천황의 육군사관학교와 육군대학교 졸업식 행차는 정례화 되어갔다.

한편 천황은 승마를 무척 즐겼다. 어릴 적부터 궁녀들에 둘러싸여 자란 탓에 허약해진 체질을 단련하기 위해 1867년(게이오 3년) 처음으로 승마를 했는데, 그때부터 주변 사람들이 걱정할 정도로 승마에 몰두했다고 한다.

그랜드호텔의 라운지. 바다와 마주하고 있어 창가 쪽 자리가 인기가 있었던 것 같다. 배가 도착할 때마다 호텔도 흥청거렸다.

1873년(메이지 6년) 9월

서양 문화의 유입 창구인 그랜드호텔 개업

개국 후 거류지가 정해진 요코하마에는 소규모 호텔이 잇달아 생겨났는데, 이 해 9월 간토대지진으로 무너질 때까지 명성을 떨치게 되는 호텔이 개업한다. 그 이름도 그랜드호텔이다.

당초 규모는 목조 2층에 30실 정도의 객실을 갖추고 있었는데, 그 후 1887년(메이지 20년) 근처에 건설된 호텔 윈저하우스를 사들여 100개의 객실에 300명을 수용할 수 있는 대식당 등을 갖추어 명실 공히 그랜드호텔로 변모해간다.

메이지·다이쇼 시대에 일본에 온 외국인 수기에 그랜드호텔에 대한 이야기가 수없이 등장하는데, 그런 기록만 보더라도 요코하마 최고의 호텔이었음을 짐작할 수 있다. 수많은 외국인들이 모여 정보를 교환하기도 하고 매일 밤 무도회를 열기도 한 모양이다.

호텔이 개업한 지 20년 후에 태어난 시시분로쿠(獅子文六)는 어린 시절 보았던 호텔의 광경을 떠올리며 자신의 수필에서 이렇게 회상한다.

"그것은 궁전이라는 인상 말고는 달리 없었다. 특히 밤이 아름다웠다."

식사시간에 음악이 연주된 것도 기억에 남아 있다고 한다.

5년 간의 공사를 거쳐 1894년(메이지 27년) 7월 유라쿠초(有樂町)에 완공된 도쿄부(東京府)청. 1945년(쇼와 20년) 3월의 공습으로 소실. 도쿄시가 발족되었을 때 이 부청 안에 도쿄 시청이 들어섰다. 시 발족 당시 도쿄시의 인구는 약 143만 명이었다.

신3법 공표로 15구 6군으로 나뉜 도쿄부

1868년(게이오 4년) 7월 17일, 에도가 도쿄로 바뀌는 조서가 포고되었다. 이 때만 하더라도 도쿄가 엄밀히 말하면 수도로 정해진 것은 아니었으나 1869년(메이지 2년) 3월 28일 천황이 도쿄로 다시 오고 도쿄성(구 에도성)이 황성(皇城)으로 개칭되어 사실상 수도로 확정되었다.

도쿄부는 그 1년 전인 1868년(메이지 원년) 9월 2일 청사를 사이와이바시고몬(幸橋御門) 안쪽의 야마토고리야마(大和郡山)번의 저택에 두고, 예전의 마치부교쇼(町奉行所, 마치부교란 에도시대의 직명으로 영내의 도시부의 행정·사법을 담당하는 관리―옮긴이)가 관할하고 있던 지역을 그대로 이어받았다. 아울러 수도가 확정되자 에도시대 민정제도였던 묘슈(名主제도, 에도시대 영주 밑에서 촌정(村政)을 담당하던 촌의 우두머리―옮긴이)를 폐지하고 50구로 나눴다.

그 후 11대구 103소구로 구획을 분류하는 등 제도를 정비했는데, 이 해 7월 이른바 신3법 군(郡)·구(區)·초(町)·손(村) 편제법, 부현회(府懸會) 규칙, 지방세 규칙이 공표되기에 이르렀고 도쿄부는 15구 6군으로 개편되었다.

15구란 고지마치(麴町), 간다(神田), 니혼바시(日本橋), 교바시(京橋), 아자부(麻布), 아카사카(赤坂), 요쓰야(四谷), 우시고메(牛迎), 고이시카와(小石川), 혼고(本鄉), 시타야(下谷), 아사쿠사(淺草), 혼조(本所), 후카가와(深川). 15구는 1889년(메이지 22년)의 시제·초손제 시행시에는 그대로 도쿄시로 되었고, 현재의 23구가 확정된 1947년(쇼와 22년)까지 존속했다.

아오모리 현청　폐번치현(廢藩置縣, 메이지유신 시기인 메이지 4년 7월 14일[1871년 8월 29일] 메이지 정부가 당시까지의 번 제도를 폐지하고 지방통치를 중앙 관할하에 둔 부(府)와 현(縣)으로 일원화한 행정개혁)에 따라 히로사키(弘前), 구로이시(黑石), 하치노헤(八戶), 도나미(斗南)의 각 번은 현으로 되었는데, 얼마 안 있어 이 지방들과 홋카이도의 다테(館)현(구 마쓰마에번)이 통합되어 히로사키현이 되었다. 그 후 아오모리(靑森)로 개칭이 되었고 현청도 아오모리에 두었다. 그림엽서의 청사는 1882년(메이지 15년)에 지은 것.

현의 명칭과 구역이 확정되어 지방자치가 확립되다

1871년(메이지 4년) 7월 폐번치현이 단행되었다. 당시까지의 번을 폐지하고 부현을 설치하여 국가체제를 확고히 한 것이다.

그러나 같은 해 11월 3부 72현 1사(使)던 것이 5년 후에는 3부 34현 1사가 되는 등 유동적인 부분도 있었다. 또 제도로서 정비되었지만 새롭게 임명된 많은 현령은 지방행정 경험이 미숙해 세금에 대한 농민들의 불만이 분출, 지방통치가 매우 곤란한 지경에 처했다.

그래서 지방제도 개혁에 대한 목소리들이 터져나왔다. 지방에 독자적인 권한을 부여하고 주민이 정치에 참여할 수 있는 소지를 마련하려는 새로운 방안들을 만들어냈다. 그 결과 1878년(메이지 11년) 7월 군·구·초(町)·손(村) 편제법, 부현회 규칙, 지방세 규칙의 이른바 신3법이 제정되어 크게 진전을 보았다.

메이지유신 이후 시행과정에서 불만이 높던 대구(大區)·소구(小區)제는 폐지되고 예전부터 내려오던 공동체나 지역의 특성이 중시되었다. 동시에 분현(分縣)운동도 일어나 시가현(滋賀縣)에서 후쿠이현(福井縣)이 분리된 것 외에 나라현(奈良縣)이나 가가와현(香川縣)처럼 새롭게 탄생한 현도 있다. 현재의 현 명칭과 구역이 확정된 것은 1888년(메이지 21년) 말의 일이다.

이와테현 청사　처음에는 모리오카(盛岡)현으로 되어 모리오카성 내에서 현정 업무를 보았는데 훗날 이와테현(岩手縣)으로 명칭이 바뀌었다. 그림엽서에 있는 현청은 1903년(메이지 36년) 완성. 노송나무의 목조 건물로 고딕양식. 쇼와시대까지 사용되었고 60년 간 현정의 중심이 되었다.

야마가타현(山形縣) 청사　초대 현령인 미시마 미치쓰네(三島通庸)는 '호랑이 현령' 이라는 별명이 붙을 정도로 강권을 휘둘렀지만 서양 건축으로 이루어진 관청가를 정비한 것도 그의 공적이라고 한다. 그러나 1911년(메이지 44년) 5월 대화재로 관청가가 전소. 그 후 석재와 벽돌로 지은 신청사가 1916년(다이쇼 5년) 9월에 완공되었다. 바로 그림엽서의 시계탑이 있는 현청사다.

43

Office of Prefect in Fukushima　　福　縣　島　福

후쿠시마현 청사　현재의 후쿠시마현(福島縣)이 생긴 것은 1876년(메이지 9년) 8월. 당시 현 내 최대 도시는 와카마쓰(若松, 현재의 아이즈와카마쓰[會津若松]시)였는데 조적번(朝敵藩, 조정에 등을 돌리고 도쿠가와막부를 지지한 번)의 흔적을 없애기 위해 후쿠시마초(현재의 후쿠시마시)에 현청을 두었다. 그림엽서의 현청은 2대째로 1907년(메이지 40년) 완성된 것.

야마나시현 청사　그림엽서의 현청사는 경찰서와 법원, 의사당, 사범학교 등이 즐비하게 늘어선 니시키초(錦町) 거리에 건설되었다. 완성은 1877년(메이지 10년) 10월. 중앙 정면에 국화 문양, 좌우에 현장(縣章)을 내걸었다. '기야만당(堂, diamant 다이아몬드를 일컫는 네덜란드어로 에도시대 흔히 사용되었다－옮긴이)이라고도 불렸는데 야마나시현(山梨縣)에서 유신의 상징이었다.

（行發會高井宮町榜市府甲）　YAMANASHI PREFECTURAL OFFICE, KAI.　（り在に町錦市府甲）廳縣梨山

나가노현 청사 폐번치현과 더불어 이나현(伊那縣), 나카노현(中野縣) 등이 생겨났고, 한때 나가노 · 치쿠마(筑摩)의 두 개의 현이 존재하던 시대도 있었다. 1876년(메이지 9년) 8월 치쿠마현이 흡수 · 통합되어 나가노현의 구역이 확정. 그림엽서는 3년 반의 공사기간을 거쳐 1913년(다이쇼 2년) 6월에 준공된 르네상스 양식의 목조건물 청사.

오사카부 청사 한때 '오사카 수도설' 까지 거론된 적이 있는 오사카부. 부가 정식으로 설치된 것은 오사카성이 불에 탄 4개월 후이자 에도를 도쿄로 정하기 전날인 1868년(게이오 4년) 5월 2일이었다. 그림엽서의 부청사는 1874년(메이지 7년) 7월에 완성. 오사카만을 바라보는 에노코지마(江之子島)에 세웠다. 1926년(다이쇼 15년)까지 사용되어 부민들로부터 '서쪽 정부' 로 불렸다.

廳 縣 島 廣 （勝名島廣）
The Prefectural Office (Hiroshime)

히로시마현(廣島縣) 청사　최초의 현청은 1871년(메이지 4년) 7월, 히로시마성 안에 설치했는데 나중에 이전, 1878년(메이지 11년) 가코초(水主町, 지금의 가코초[加古町], 한자는 다르지만 발음은 동일함—옮긴이)에 그림엽서의 청사를 완성. 원폭이 투하될 때까지 사용되었다.

돗토리현 청사　폐번치현 후 돗토리(鳥取縣)현이 탄생하자 구 번시대의 건물에 현청을 두어 북을 두드려 시간을 알리기도 했는데 1876년(메이지 9년) 8월 시마네현(島根縣)에 병합되었다. 그런데 5년 후 다시 돗토리현이 부활했다. 대심원(대법원)의 판사였던 야마다 노부미치(山田信道)가 초대 현령에 취임, 그림엽서의 청사를 1985년(메이지 8년) 11월에 완성시켰다.

（行發店書築繪森市販鳥）　THE TOTTORI PREFECTURE HOUSE.　廳　縣　取　鳥

1879년(메이지 12년)에 준공한 참모본부. 정부의 초청을 받은 이탈리아인 조반니 카펠레티(Giovanni Vincenzo Cappelleti, 나중에 유슈칸[遊就館] 건설에도 착수한다. 39쪽 참조)가 설계. 나가타초에 있었다.

1878년(메이지 11년) 12월
참모본부의 창설

이 해 12월 군부의 작전과 용병을 담당하는 군령기관이 독립하여 참모본부로 창설되었다. 바꾸어 말하면 군령부문이 정부로부터 분리되어 천황 직속이 된 것이다.

당시 중령이었던 가쓰라 다로(桂太郎, 훗날의 수상)는 독일 유학중 군정·군령의 이원적 군제를 배워, 군사행정과 작전·용병의 군령은 각각 별개의 기관이 담당하는 것이 바람직하다고 제안하였고, 이를 실행으로 옮긴 것이다.

메이지 초기 정한론이 떠돌았을 때 정한론자이던 사이고 다카모리(西鄕隆盛)는 정치분야는 물론 군사분야에서도 최고의 지위에 있었다. 그는 정한론이 패하자 하야했고, 그로 인해 당시 군부는 크게 요동쳤다. 참모

본부가 설치된 것은 그러한 폐해의 방지, 즉 정권과 병권을 분리시킴으로써 만약의 사태를 피하기 위한 방편으로 출발했다고도 한다.

아무튼 정권과 병권의 분리는 군대를 정치에서 분리해 정치적 중립성을 확보한다는 점에서는 커다란 의미가 있다고 할 수 있다. 그리고 초대 참모본부장은 육군경이던 야마가타 아리토모(山縣有朋)가 겸임했는데, 그것은 과도기적인 조치였다.

맨 처음 메이지 천황의 안자이쇼(行在所, 천황 외출시 머무는 임시거처 – 옮긴이)로 이용되었을 때 2층 오른쪽 끝 편에 옥좌를 설치한 호헤이칸(豊平館). 삿포로의 상징적인 건축물이었는데 1958년(쇼와 33년)에 나카시마공원으로 이전을 완료, 1964년(쇼와 39년)에 국가중요문화재로 지정되었다.

삿포로의 인자이쇼, 호에이칸 완성

1871년(메이지 4년) 하코다테에서 삿포로로 이전한 개척사(開拓使)는 삿포로의 부족한 숙박시설을 개선하기 위해 관설(官設)의 서양식 호텔 건설을 계획한다. 그 후 개척사의 구로다 기요타카(黑田清隆) 장관이 천황의 홋카이도 방문을 요청한다. 그렇게 해서 호텔 겸 안자이쇼로 호헤이칸이 계획되어 개척사의 수석건축가인 아다치 요시유키(安達善幸)와 관계자들에 의해 본격적인 미국식 건축으로 설계, 삿포로의 동서를 관통하는 시리베시도오리(後志通り, 지금의 오토리(大通)공원)의 동쪽 끝자락에 부지가 선정되었고, 이 해 11월에 완공되었다.

한편 메이지 천황은 1876년(메이지 9년) 도호쿠지방을 순행할 때 예정에 없던 하코다테에 들렀으나 삿포로까지는 가지 않았다. 하지만 1881년(메이지 14년) 8월 두 번째 홋카이도 순행이 있었고, 같은 달 30일부터 4일 간 호헤이칸은 안자이쇼로서 막을 열게 되었다.

그 후 호헤이칸은 황실이나 요인이 머물 때 자주 이용되었다. 예들 들면 1909년(메이지 12년)에는 한국 황태자(영친왕)가 이토 히로부미와 함께 머물렀고, 1922년(다이쇼 11년)에는 그 해 노벨상을 수상한 앨버트 아인슈타인 박사가 이용했다.

초대 유슈칸(遊就館) 간토대지진으로 파괴되어 1931년(쇼와 6년) 이토 주타(伊東忠太)의 설계로 재건. 1934년(쇼와 9년)에는 부속 설비로서 국방관을 증설, 당시의 최신 국방기술을 전시했다.

유슈칸 군사박물관, 야스쿠니 신사 내에 개관

세이난전쟁(西南戰爭, 1877년 지금의 구마코토·미야자키·오이타·가고시마 현에서 사이고 다카모리를 중심으로 사족들이 일으킨 무장 반란—옮긴이) 때 헌납 받은 의연금이 남아돌자 육군경을 역임한 야마가타 아리토모가 남은 비용으로 신령을 위로하기 위한 에마(繪馬, 기원이나 소원 성취의 사례로 신사나 절에 봉납하는 말 그림의 액자. 말이나 목마를 대신하여 말 그림을 그렸는데 후에 말 이외의 그림도 그렸다—옮긴이)나 옛날의 무기를 전시하는 시설을 세우자고 제안했다. 그 제안이 수 년 후에 실현되어 『순자』에 나오는 '遊必就士'(군자는 고결한 인물과 더불어 사귀고 배운다는 뜻)라는 문장에서 따와 유슈칸으로 이름을 지었다.

장소는 1879년(메이지 12년) 도쿄 쇼콘샤(招魂社)에서 이름을 바꾼 야스쿠니신사 부지 내였다. 관할인 육군성 총무국이 전시물의 내용에 충실을 기해 원래 명칭이 지닌 의미와는 달리 일본 최대의 군사박물관으로 변모하여, 군국주의 사상 보급에 커다란 역할을 했다.

그런데 도쿄 쇼콘샤는 보신전쟁(戊辰戰爭, 1868년부터 이듬해까지 신 정부군과 구 막부 간의 전쟁—옮긴이)의 관군(신 정부군) 측 전사자를 합사하기 위해 건립. 그 후 육군성이 관리하며 정부군 전사자를 안치했고 야스쿠니신사가 된 뒤에도 실질적으로 육군성과 해군성이 관리했다.

그러한 장소에 들어서기는 했지만 유슈칸은 메이지시대의 서양 건축물로서 손꼽히는 명물이었다. 설계자는 참모본부를 지은 영국인 조반니 카펠레티로 이탈리아 중세의 성곽을 연상하게 하는 건물로 완성했다.

우에노(上野)에 세워진 구 본관. 간토대지진으로 큰 피해를 입었다. 관할이 궁내성이 된 이유는 황실 재산을 충분히 확보하기 위해서였다. 유신 전의 천황가는 결코 유복하지 않았다. 그런 까닭에 서구의 왕실박물관을 모델로 삼아 궁내성 관할에 둔 것이다.

1882년(메이지 15년) 3월

도쿄 우에노에 창립된 일본 최초의 국립박물관

일본 최초의 국립박물관은 1872년(메이지 5년) 3월 10일 도쿄 유지마(湯島)대성당을 활용하여 창설되었다. 20일 간에 걸쳐 문부성 박물국이 박람회를 개최한 것이다. 문부대신 마치다 히사나리(町田久成, 훗날의 박물관장)와 파리만국박람회에 사절로 참석한 실무담당자 다나카 요시오(田中芳男)가 온 힘을 쏟았다.

이후 매월 1일과 6일에 공개했고, 이듬해 야마시타몬나이(山下門內, 지요다구 우치사이와이[千代田區內幸町])로 이전, 부지 약 4만 6000㎡(1만 4000평)에 11개 동을 만들며 종합박물관 건립을 목표로 삼았다. 그 후 내무경인 오쿠보 도시미치(大久保利通)의 지도 하에 화재에 강한 본격적인 서양 건축 양식의 박물관 건설계획이 추진되어 도쿄 우에노의 간에이지(寬永寺) 본당 터에 건설되었다. 설계는 조사이어 콘더(Josiah Conder). 가 했다. 1881년(메이지 14년) 3월 권업박람회 미술관으로 먼저 개관되었고, 이듬해 3월 동물원과 함께 마침내 개관식을 맞이했다.

5년 후에는 궁내성에 속하게 되어 1947년(쇼와 22년)까지 이어진다. 명칭은 제국박물관, 1900년(메이지 33년)에는 제실(帝室)박물관으로 바뀌었다.

사업 내용도 바뀌어 그때까지의 박람회와 관련된 업무는 폐지되고 역사와 미술에 관한 사업으로 축소되었다.

니혼(日本)은행은 13년 반이 지난 후에 지금의 자리로 이전. 다쓰노 긴고(辰野金吾)의 설계로 본점을 세웠다. 1892년(메이지 31년)에는 오사카지점, 그리고 8년 후에는 나고야지점을 개업했다.

니혼은행의 창설

메이지유신 이후 인플레이션이 계속되었다. 국립은행(미국의 내셔널 뱅크를 잘못 이해하고 오역한 것. 본래 뜻은 국가의 법률에 의해 설립된 사립은행)이 난립하면서 은행과 정부가 불환지폐나 은행권을 남발했기 때문이다.

이러한 사태를 수습하려면 중앙은행을 창설하여 지폐를 정리하는 수밖에 없다. 그러나 정리를 하게 되면 물가가 하락하여 불황에 빠질 위험이 있다. 이 대수술을 단행하기로 결정한 것이 마쓰가타 마사요시(松方正義) 대장경이다. 일설에 의하면 그는 암살의 위험을 무릅쓰면서 이 해 3월 1일 산조 사네토미(三條實美) 태정대신에게 '니혼은행 창립 의사'를 제출했다고 한다.

니혼은행은 당초 에이다이바시(永代橋) 서쪽 끝 편에 있던 홋카이도 개척사 도쿄출장소 건물에 개설되었다. 초대 총재는 38세밖에 안 된 요시하라 시게토시(吉原重俊). 동향인 사쓰마번 출신 마쓰가타를 도와 지폐정리를 실시했다. 예상대로 경제가 침체되어 파산과 도산하는 개인이나 법인이 속출했고, 하락한 물가로 농민들도 풍작임에도 고통을 당해야 했다.

고난은 잠시 동안 계속되었지만 지폐정리 효과는 3년째부터 나타났고, 1885년(메이지 18년) 니혼은행은 처음으로 10엔 태환권을 발행, 명실공히 중앙은행이 되었다.

덴요마루(天洋丸)를 건조중인 미쓰비시조선소. 그때까지 이 조선소에서 진수한 가장 큰 배는 총 톤수 7463톤의 단고마루(丹後丸)였는데, 덴요마루는 이를 훨씬 웃도는 1만 3454톤. 내부 장식도 당시 일본 선박으로는 드문 아르누보양식이 채택되었다.

동양 최대의 조선소, 미쓰비시 나가사키조선소 설립

막부 말기인 1857년(안세이 4년) 도쿠가와막부는 나가사키에 조선소인 나가사키용철소(鎔鐵所)를 설립했다(처음에는 기계 설계와 제조를 하는 시설). 그 이후 관영 나가사키제철소, 공부성(工部省) 나가사키조선국 등으로 명칭이 변경되었다가 이 해 미쓰비시가 공부성으로부터 시설을 빌려 경영을 하기 시작했다. 미쓰비시는 그때까지 당시 일본의 대형 선박 대부분을 거느리며 해운계에 군림하면서도 선박 수리에 불편을 느끼고 있었다. 그래서 나가사키조선국을 빌리려 했던 것이다.

미쓰비시는 3년 후에 토지·건물·설비 등 모든 것을 매수, 1889년(메이지 22년)에는 일본 최초의 강철제 기선 지쿠고가와마루(筑後川丸) 등을 건조하여, 동양 최대 규모를 자랑하는 조선소로 주목을 받았다.

그리고 1898년(메이지 31년)에는 당시로서는 획기적인 거함 6000톤 급의 히타치마루(常陸丸)를 건조하여 유럽의 조선 수준에 다가섰고, 나아가 1908년(메이지 41년) 일본 최초라고 할 수 있는 호화여객선 덴요마루를 완성시키는 등 수많은 우수 선박을 건조하여 일본 여객선 역사에 커다란 족적을 남긴다.

객선뿐 아니라 군함 건조에서도 조선계를 이끌었으며, 1942년(쇼와 17년)에는 초고속급 전함 무사시(武藏)를 완성시켰다.

1885년(메이지 18년) 11월 니혼오도리(日本大通り) 정면에 새롭게 완성한 요코하마세관 본청사. 붉은 벽돌의 2층 건물로 중앙에 5층 누각이 솟아 있고 중앙 베디멘트에 국화 문양을 배치한 위용을 과시하며 요코하마를 대표하는 건축물이 되었지만 간토대지진으로 파괴되었다.

1885년(메이지 18년) 11월
무역의 심장부 요코하마세관

메이지시대 때 요코하마항은 무역에서 압도적인 점유율을 차지했다. 수출액에서는 1895년(메이지 28년)까지 전국의 50% 이상을 차지했고, 수입액에서도 1889년(메이지 22년)까지 50% 이상을 유지했다.

그런 무역의 심장부 역할을 한 것이 요코하마세관이다. 원래는 가나가와 운조쇼(運上所, 막부 말기 수출입 화물의 감독이나 관세 징수 등의 사무를 담당하던 개항장의 관청—옮긴이)로 1859년(안세이 6년) 6월 개항과 동시에 설치되어 그로부터 12년 후에 요코하마 운조쇼로 이름이 바뀌었다. 또 그 무렵에 이미 요코하마세관으로 불리기도 했고, 요코하마를 배경으로 한 그림 속에는 세관으로 기록되기도 했는데 1872년(메이지 5년) 11월에 전국의 운조쇼는 세관이라는 명칭으로 통일되었다.

그런데 요코하마세관은 메이지 초기 무렵 전국에서 선구적으로 수입품의 인보이스(송장)를 중시, 각국의 영사들에게 합의를 얻어냈다. 인보이스를 정비하여 수입화물 감정에 정확도를 높이려고 한 것이다.

또 메이지유신 전에는 일정의 관세수입이 오르면 메밀국수 곱빼기(나중에 장어덮밥으로 바뀌었다)가 지급되었다. 직원들이 열심히 일해 수입이 늘어난 것에 대한 답례였다고 한다. 그런 한담도 일화로 남아 있다.

캠퍼스는 주로 가가(加賀)번 본가의 부지였다. 그 자취를 보여주는 아카몬(赤門, 지금의 도쿄대학 남서쪽 구석에 있는 문-옮긴이). 주홍색을 칠한 문으로 1827년(분세이 7년), 가가번주에게 시집온 도쿠가와가의 딸 야스히메(溶姫)를 위해 지은 것이다.

1886년(메이지 19년) 3월

최고 학부, 제국대학의 탄생

이 해 3월 제국대학령이 공포되어 1877년(메이지 10년)에 도쿄의학교와 도쿄 가이세이(開成)학교가 합병하여 발족한 도쿄대학은 제국대학이 되었다. 제국대학 창설 목적은 엘리트 양성에 있었다고 한다.

예를 들면 제국대학령 제1조에 "제국대학은 국가의 수요(須要)에 부응한 학술 기예를 가르치고"라고 되어 있다. 여기서 '수요'란 반드시 필요한 이라는 의미다. 그렇기 때문에 '제국'이라는 명칭을 붙인 것이다.

그리고 이듬해 7월 '문관시험 시보 및 견습규칙(文官試驗試補及見習規則)'이 공포되었는데(문관이란 고급관료의 총칭), 거기에 따르면 문관이 되기 위해서는 시보(견습의 별칭) 자격을 취득해야 하며, 제국대학 졸업생에 한하여 무시험으로 시보가 될 수 있는 특전이 부여되었다. 제국대생이 그만큼 우수했기 때문이기도 하겠지만 관존민비의 한 단면이기도 했다.

또 그때까지는 오야토이 외국인 교사가 많았으나 제국대학 발족시에는 교수진의 대부분이 일본인으로 채워졌다. 제국대학은 그처럼 새로운 시대에 돌입했음을 나타내는 명칭이라고도 할 수 있다.

아울러 교토제국대학 창설과 함께 1897년(메이지 30년) 6월에는 제국대학은 도쿄제국대학으로 다시 이름이 바뀌었다.

도쿄고등사범학교의 운동회 풍경. 1893년(메이지 26년) 9월부터 고도칸(講道館) 유도의 창시자 가노지 고로(嘉納治五郎)가 교장에 취임. 체육교육에도 힘을 쏟았다.

고등사범학교의 탄생

1872년(메이지 5년) 5월 오야토이 미국인 교사 마리온 스콧(Marion McCarrell Scott의 지도 아래 일본 최초의 교원양성기관인 사범학교가 도쿄에 설립되었다. 에도시대 때부터의 학문소인 유지마(湯島)에 있던 쇼헤이자카학문소(昌平坂學問所) 내의 건물을 이용했다.

그로부터 14년 후 사범학교령의 제정으로 사범교육제도가 본격적으로 확립되어 관립 도쿄사범학교는 종래의 중등학교 교원과 소학교 교원 양성을 병행하던 제도를 개선하여, 이 해 4월 말일 고등사범학교로 되면서 오로지 중등학교 교원만을 양성하게 되었다.

사범학교의 총본산이 된 고등사범학교에서는 기숙사를 중심으로 교실 내외의 훈육이 중시되었다. 군대적인 분단(分團) 조직 아래 엄격한 군대식 교련교육도 실시되었다. 분단조직은 9년 후에 폐지되었고, 다시 6년 후에는 인원 점호도 폐지되었으나 준군사적인 교육이 국가주의 사상을 고취하는 데 이용되었다.

1902년(메이지 35년) 3월 히로시마고등사범학교가 개설되어 종래의 고등사범학교는 도쿄고등사범학교로 개칭, 여자는 여자사범학과가 독립하여 1890년(메이지 23년) 여자고등사범학교가 탄생했다.

영문 간판이 즐비한 피서지 가루이자와(輕井澤). 딕슨(James M. Dixon)과 쇼(Alexander C. Show)가 방문한 20년 후, 가루이자와의 별장은 100채가 넘었고, 7년 후에는 200채를 넘었다.

피서지로 각광받은 가루이자와

에도시대 산킨코타이(參勤交代, 에도시대 각번의 다이묘를 정기적으로 에도에 머물게 함으로써 다이묘를 효율적으로 통제하기 위한 제도—옮긴이) 덕분에 번영을 누리던 가루이자와 숙(宿)은 메이지시대에 들어서면서 점차 빛을 잃어갔다.

그때 마침 두 명의 외국인이 방문을 한다. 캐나다 출신의 선교사 알렉산더 C. 쇼와 공부대학교(도쿄대학의 전신)의 영어교사 제임스 M. 딕슨이다. 먼저 딕슨이 이 해 4월 나가노로 여행을 가는 도중에 가루이자와를 찾았다. 그는 가루이자와를 피서지로 적합한 곳이라 생각하고 빈집 상태의 하타고를 그 해 여름 동안 빌리고 싶다는 뜻을 전했다. 그 하타고는 만페이호텔의 전신인 가메야(龜屋)다.

그는 그 해 여름 약속대로 쇼를 비롯한 몇 명의 외국인들을 데리고 다시 가루이자와를 방문했다. 바로 그때 가루이자와는 피서지로서의 발전을 약속받은 셈이다.

그 후 쇼는 가루이자와에 별장을 갖추고 교회를 지으면서 일본에 있는 외국인들에게 피서지로서 가루이자와가 얼마나 좋은 곳인지를 널리 알렸다. 한편 해마다 피서객이 늘어나면서 여러 가지 문제점들이 발생했고 그런 문제를 해결하기 위해 1913년(다이쇼 2년)에 가루이자와 피서단이 결성되었다. 그리고 2년 후에는 재단법인화되었다.

도쿄 이다바시(飯田橋)에서 시바오몬(芝大門)으로 이전하여 1912년(다이쇼 원년) 완성한 일본 적십자사 본사. 1892년(메이지 25년) 5월에는 도요지마 고료지(御料地, 제국헌법에서 명시한 황실 소유의 땅─옮긴이)에 일본 적십자사 중앙병원을 개설했다. 진료과목은 내과, 외과, 부인과, 안과 등 5개 과였다.

1887년(메이지 20년) 5월

일본 적십자사의 설립

유럽에서 유학한 사노 쓰네타미(佐野常民)는 1877년(메이지 10년)의 세이난전쟁을 접하면서 서양의 적십자사를 본떠 적군과 아군 구별 없이 부상자를 구호하는 조직인 하쿠아이샤(博愛社)를 미카와오규(三河大給)성 성주의 후손인 오규 유즈루(大給恒)와 함께 고안한다. 그러나 메이지 정부는 '적군과 아군 구별 없이' 란 의미를 이해하지 못했고 그들은 아리스가와노미야 다루히토(有栖川宮熾仁) 친왕에게 청원서를 제출, 마침내 하쿠아이샤를 창설하였다.

그들은 곧바로 의료단을 구마모토와 가고시마, 그리고 나가사키 등에 파견하여 158일간 1049명의 부상자를 구호했다.

하쿠아이샤의 활동은 대대적으로 인정을 받았고 1886년(메이지 19년)에는 제네바(적십자)조약에 가입, 이듬해 5월에 하쿠아이샤를 일본 적십자사로 개칭했다. 아리스가와노미야를 총재로 추대하고 사노가 취임, 그리고 이듬해부터는 지방 지부를 창설해갔다.

일본 적십자사 활동은 그 후 발발한 청일전쟁에서도 커다란 역할을 했다. 1894년(메이지 27년) 8월부터 7개월여 동안 계속된 이 전쟁에서 도운 부상자는 10만 2675명(그 중 포로는 1484명)에 이르렀다. 1899년(메이지 32년)에는 수술실을 갖춘 병원선 하쿠아이마루(博愛丸)와 고사이마루(弘濟丸) 두 척을 도입했다.

그림엽서는 지쿠사노마(千種の間). 호메이텐(豊明殿)보다는 좁지만 전전(戰前)의 『궁성 사진첩(宮城寫眞帖)』은 "장엄함의 극치를 이룬 궁전 중에서도 지쿠사노마는 가장 아름다운 곳" 이라고 설명, 지쿠사노마라는 이름대로 격자 천장에 다양한 꽃이 흐드러지게 피어 있는 것처럼 묘사되어 있다.

1888년(메이지 21년) 11월

일본 · 서양 양식이 결합된 메이지 궁전

도쿄 천도 후에 궁전으로 사용되던 구 에도성의 니시노마루고텐(西の丸御殿)이 1873년(메이지 6년) 5월 실화에 의해 소실되었다. 그래서 아카사카 이궁(離宮)을 임시 고쿄(皇居)로 정했다가 우여곡절 끝에 같은 해 10월 메이지 궁전이 15년 만에 완성되었다.

당시는 서양풍의 흐름이 지배적이었고 새 궁전도 한때는 서양식으로 건설하자는 안이 검토되었으나 교토 고쇼를 규범으로 삼아 일본식 목조를 중심으로 일부 서양식 장식을 배치한 일본과 서양의 절충형 건물이 되었다. 착공에서부터 4년여가 걸린 대공사였다.

그로부터 1945년(쇼와 20년) 5월 공습 때 잿더미가 되기까지 57년 간 국가나 황실의 여러 행사와 황실 생활에 사용되었다.

일본 근대 의학의 아버지 에르빈 폰 베르츠(Erwin von Bälz) 박사는 『베르츠 일기』에서 "다른 나라 수도에 있는 궁전으로 이 궁성에 필적할 만한 것은 없을 것이다"라든지 "정교한 일본 · 서양 절충 건축양식으로 된 궁전의 커다란 방들은 이루 말할 수 없이 아름답다"고 썼는데 완성된 새 궁전의 모습은 외국인의 눈에도 나무랄 데가 없었던 모양이다. 그런데 공습으로 화재가 발생했을 때 맨 안쪽 궁전을 장식한 전통화파의 대가들이 그린 수많은 스기토에(杉戸繪, 삼나무 목판에 그린 그림—옮긴이)는 경호병들이 밖으로 끄집어낸 덕분에 귀중한 문화유산들을 지킬 수 있었다.

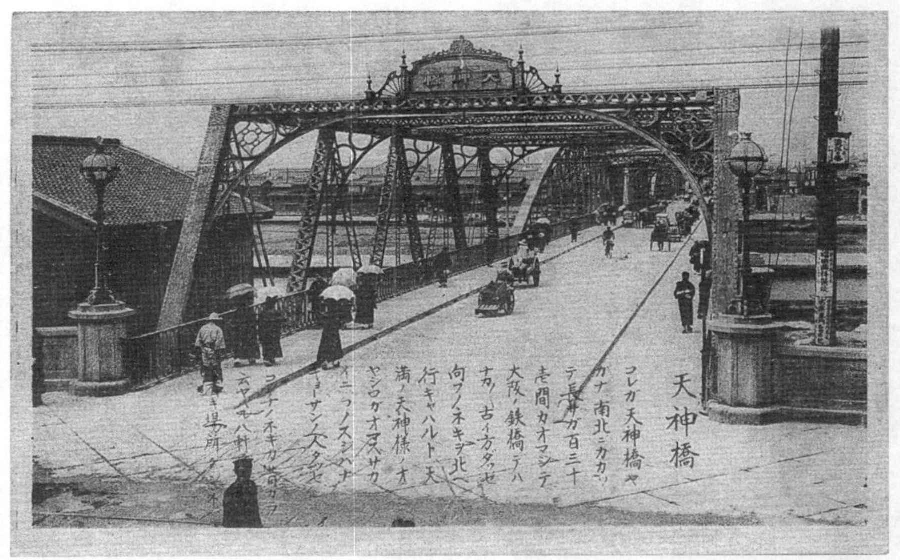

최대 지주 사이의 길이 65.5m. 이 정도의 길이만 하더라도 당시로서는 엄청난 것이었다. 교량 폭은 11m. 보도와 차도가 따로 구분이 된 것도 획기적이었다. 현재의 덴진바시(天神橋)는 1934년(쇼와 9년)에 준공된 것.

최대 철교, 덴진바시 개통

오사카에서는 1885년(메이지 18년)의 대홍수로 시내 교량의 4분의 1이 파손되는 피해를 입었다. 그래서 도지마가와(堂島川)와 도사보리가와(土佐堀川) 사이에 놓인 덴진바시를 목교에서 철교로 바꾸려는 계획이 마련되었고, 독일제 철제 부재를 주축으로 건설, 그 결과 당시 최대의 철교가 완성되었다.

덴진바시는 에도시대부터 덴마바시(天滿橋), 나니와바시(難波橋)와 함께 나니와(浪花, 지금의 오사카와 그 주변을 일컫는 옛말―옮긴이) 3대 다리로 꼽힌 250m의 긴 다리였다. 1832년(덴포, 天保 3년)의 덴진마쓰리 때에는 축제용 수레가 떨어져 13명이 죽었는데, 아이들 사이에서 "덴진바시는 기이

~러, 떨어지면 무우~서워"라는 노래가 유행하기도 했다.

그림엽서에는 130칸으로 되어 있다. 약 240m 길이다. 우뚝 솟아 있는 거대한 아치에 사람들이 놀라 "도시락을 지참하고 구경" 하러 왔다고 그림엽서에 기록될 정도. 근처 덴마에 야채시장이 있어 아침에는 물건을 팔러오는 야채상들로 붐볐고, 다리 아래 쓰루기사키(劍先)공원에는 한때 롤러스케이트장이 만들어졌다고 한다.

그리고 같은 해 홍수 피해를 입은 덴마바시도 철교로 교체되었다. 길이는 약 220m로, 커다란 덴진바시와 덴마바시가 나란히 서 있는 모습은 장관이었다.

호헤이바시(豊平橋) 1924년(다이쇼 13년) 삿포로시 호헤이카와에 건설. 길이는 121m. 아사히카와(旭川)의 아사히바시, 구시로(釧路)의 누스마이바시(幣舞橋)와 함께 다리로서는 홋카이도의 3대 명물이 되었다가 아쉽게도 1965년(쇼와 40년)에 해체되었다.

목교에서 철교로 교량의 근대화가 이루어지다

교통망의 정비와 함께 다리는 목제에서 훨씬 더 튼튼한 석조·철제로 변해간다. 그러한 변천도 일본의 근대화와 궤를 같이 하고 있었다.

예를 들면 일본 최초의 철교인 나가사키의 구로가네바시는 1868년(게이오 4년) 8월 완성. 메이지로 원호가 바뀌기 한 달 전의 일이다. 그리고 두 번째는 이듬해 모습을 드러낸 요코하마의 요시다바시(吉田橋). 그러나 맨 처음 철도로 건설된 신바시 - 요코하마 간의 20여 개의 철도교는 처음에는 모두 목교였다. 국내에서는 철제를 조달할 수 없었기 때문이다.

건설 기술도 외국인에게서 배웠다. 앞의 요시다바시는 훗날 '등대의 아버지'로 불린 영국인 리처드 브런턴(Richard Henry Brunton)이 설계했고, 일본인 기술자가 활약하기 시작한 것은 메이지 중기부터였다.

그런데 메이지시대는 철도건설에 따른 철도교가 발달했으나, 다이쇼시대에 들어서면서 노면전차의 발달과 자동차 보급으로 도로 교량의 근대화가 우선시되었다. 일반적인 경향으로는 정비를 서두르기 위해 단순하고 획일적인 구조가 주류를 이루었지만 개중에는 도쿄의 요쓰야미쓰케바시(四谷見附橋)라든가 나고야의 노야바시(納屋橋), 오사카의 나니와바시 등 화려한 명물 다리도 탄생했다.

니주바시

일반적으로 또 대부분의 그림엽서에는 니주바시(二重橋)라 쓰여 있지만 진짜 니주바시는 이보다 안쪽에 있는 고쿄(皇居) 정문에 설치된 철교를 말한다. 이것은 고쿄 정문에 있는 석교. 독일인의 설계로 1888년(메이지 21년) 완성. 태평양전쟁 전까지는 황족이나 외국에서 온 귀빈과 일부 군인밖에는 건널 수가 없었다.

아즈마바시(吾妻橋)

1887년(메이지 20년)에 가설된 스미다가와의 최초 철교. 길이(149m)로는 철도교를 제외하면 이 무렵 완공된 오사카의 덴진바시에 이어 두 번째였다. 나중에 다릿목에 전화부스가 설치되었다.

기요스바시(清洲橋)

1929년(쇼와 4년)에 완공. 당시 세계에서 가장 아름답다는 독일 쾰른의 현수교를 모델로 한 것으로 스미다가와
에 놓인 다리 중에서 가장 우아한 것으로 알려졌다.

요코하마 만코쿠바시(万國橋)

신항 부두 입구에 1904년(메이지 37년) 준공. 중앙에 등대를 배치, 독특한 디자인으로 명소의 하나가 되었다.
왼쪽 건물은 도요기선(東洋汽船).

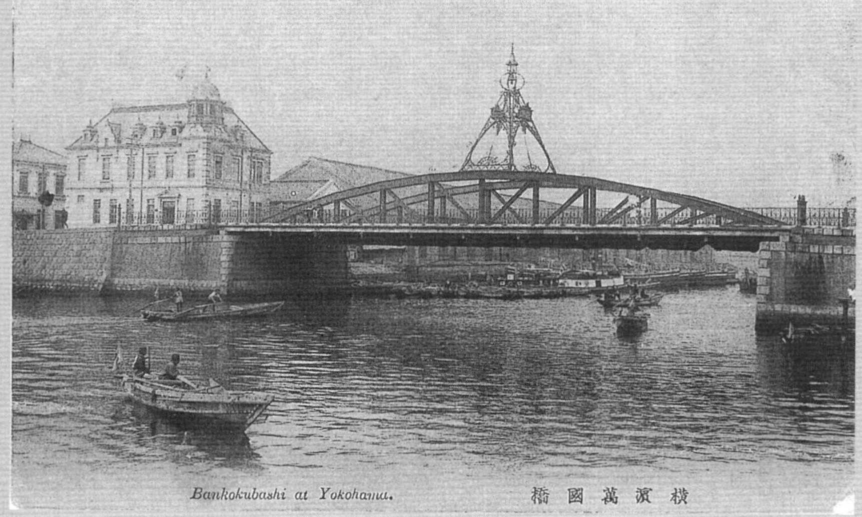

Yoshidabashi Yokohama　　橋田吉濱横

요시다바시(吉田橋)

일본에서 두 번째로 건설된 철교였으나 1911년(메이지 44년) 콘크리트 아치교로 재가설되었다. 그림엽서는 이세사키초(伊勢佐木町)에서 마차 길 방면을 바라본 것. 중앙에 어렴풋이 요코하마쇼킨(橫浜正金)은행의 돔 지붕이 보인다.

노야바시(納屋橋)

1913년(다이쇼 2년)에 난간이나 조명 등을 서구풍 디자인으로 꾸며 근대 도시를 지향하던 나고야의 상징이 되었다. 길이는 28m. 전후 재가설되었다.

NAYABASHI BRIDGE, NAGOYA.　　橋屋納　（所名屋古名）

이누야마바시(犬山橋)

1925년(다이쇼 14년) 기소카와(木曾川)의 닛폰라인에 완공. 이누야마와 맞은편 강변 우누마(鵜沼) 사이에 우치다노와타시(內田の渡し)가 있는 요충지여서 다리 가설 운동이 일어나 건설되었다. 길이는 223m.

나니와바시(難波橋)

그림엽서에는 '浪花橋'라 쓰여 있지만 정식 명칭은 '難波橋'. 시전(市電)사업의 일환으로 1915년(다이쇼 4년)에 가설되었다. 특색은 사자상. 화강암으로 만들었으며 높이는 3.5m. 원형 제작은 조각가 아마오카 긴이치(天岡均一)가 맡았다.

The. Shnsai Bridge. Osaka.　　　橋齋心　　（大阪名勝）

신사이바시(心齋橋)

1873년(메이지 6년)에 철교로 가설되었는데, 재가설의 필요성이 제기되어 그림엽서처럼 유럽풍 장식을 한 화강암의 석조 아치교로 건설되었다. 1908년(메이지 41년)의 일. 1964년(쇼와 39년)에 철거되었다.

압록강교

만주 안뚱(安東)과 한국 신의주 사이에 있는 압록강에 건설. 1911년(메이지 44년)에 완공했다. 길이 944m로 중앙의 90m는 선박이 통행할 수 있도록 회전구조로 만들었다. 이 다리가 완성됨으로써 도쿄 - 시모노세키 - 관부연락선 - 펑텐(奉天), 그리고 동천철도, 시베리아철도로 연결되어 국제 운송로가 완성되었다.

초대 가부키자. 22년 후에 데이코쿠(帝國)극장이 완성되자 노후화된 가부키자(歌舞伎座)는 철거되고 '고대 궁전식'의 일본식 건축물로 개축되었다. 그러나 그 2대째는 1921년(다이쇼 10년)에 화재로 소실, 현재의 3대째는 모모야마(桃山)시대(16세기 후반 도요토미 히데요시가 정권을 잡고 있던 약 20년 간의 시기—옮긴이) 양식으로 1924년(다이쇼 13년) 말에 준공.

1889년(메이지 22년) 11월
가부키자의 개장

12대째의 모리타 간야(守田勘弥)가 도쿄 신토미초(新富町)에 근대 가부키의 탄생을 예감하게 하는 신토미자(新富座)를 세운 것은 1878년(메이지 11년)의 일이다. 간야의 의향에 따라 9대째 이치카와 단주로(市川団十郎)가 가쓰레키(活歷, 사실에 입각한 가부키)에 힘을 쏟았다. 그로부터 11년. 고비키초(木挽町, 현재지)에 가부키자를 개장, 근대화를 추진하려는 움직임이 한층 활발해졌다.

그 주도적 인물은 「도쿄니치니치(東京日日)신문」의 주필을 역임하며 네 차례나 서구를 방문한 서구파 지식인 후쿠치 겐이치로(福地源一郎)다. 정부가 주도한 연극개량회라는 조직이 저속한 내용의 서민 오락거리를 서양의 신사숙녀들도 스스럼없이 감상할 수 있도록 하기 위해 서양식 극장 건설을 주장했지만 조직은 소멸되어버렸고, 그러던 차에 후쿠치가 금융업을 하던 지바 쇼고로(千葉勝五郎)부터 자금을 지원받아 서양풍의 당당한 고전적인 외관을 지닌 가부키자를 개장했다.

이 3층 건물의 내부는 전부 노송나무로 장식했고 천장에 커다란 샹들리에를 단 서양과 일본식을 절충한 구조로 되어 있었다.

개장 이듬해 4월 영국의 황태자 컨노트 일행이 극을 관람한 것을 계기로 사회적 신분이 높은 신사들이 관람하는 주장이라는 특권적 지위를 신토미자로부터 빼앗았다. 하지만 같은 해 8월 입장객 수가 줄어들면서 후쿠치와 지바는 갈라섰고, 후쿠치는 극장 운영권을 지바에게 넘겼다.

이탈리아 화가 키오소네(Edoardo Chiossone)가 그린 것을 사진사 마루키 도시히로(丸木利陽)가 촬영한 '고신에이(御眞影)'. 키오소네는 오쿠보 도시미치, 이와쿠라 도모미(岩倉具視), 산조 사네토미(三條實美) 등의 초상화도 그렸다. 1898년(메이지 31년) 도쿄에서 사망했다.

고등소학교에 걸린 메이지 천황의 '고신에이'

메이지 천황은 1872년(메이지 5년)에 시작된 6대 순행으로 전국에 자신의 존재를 알렸는데, 그와 동시에 2년 후부터 정부는 메이지 천황의 사진을 각 부 현청에 걸도록 했다.

그러나 메이지 천황은 사진 찍기를 싫어해서 자주 고집을 피웠다. 곤혹스러워한 것은 궁내대신이었다. 시간이 지나면 금세 헌 사진이 되어버리고 외국에서 방문하는 빈객들이 사진을 요구해도 마땅히 내줄 만한 것이 없었다. 그리하여 지폐 원판 조각 등을 하기 위해 일본에 와 있던 이탈리아인 에도아르도 키오소네에게 메이지 천황의 초상화를 의뢰, 그것을 다시 사진으로 촬영하여 '고신에이'로 사용한 것이다.

이 고신에이가 훗날 국민들에게 커다란 영향력을 지닌다. 먼저 주요 관립 학교나 부·현립 학교에 배부하고, 그 해 12월에는 문부성이 전국 고등소학교에도 배부하겠다고 통지한다.

또 이듬해 5월에 처음으로 전국 교육자 대집회가 열려 "교육은 국가의 뜻에 따라 이루어져야 한다"고 결의하고 10월에 교육칙어가 발포되어 천황의 이름 아래 국가에 대한 헌신 등을 설파했다. 그렇게 해서 학교의 의식에서 고신에이에 대한 예배와 칙어 봉독이 의무화되어 천황숭배가 추진되었다.

교토 게아게(蹴上)에 가설된 인클라인(경사면에 테일을 깔고 동력으로 배나 화물 등을 길어 올리고 내리는 장치-옮긴이). 이 주변에는 1891년(메이지 24년)에 수력발전소, 1912년(메이지 45년)에 제2발전소가 건설되었다.

교토시와 오쓰시를 잇는 비와코 수로 건설

이 해 4월 9일 비와코(琵琶湖) 수로 준공식이 메이지 천황이 참석한 가운데 거행되었다. 전날 밤에는 준공 전야제가 개최되어 기온마쓰리(祇園祭り)의 행사와 특별히 대(大)문자 점화의식(교토의 북쪽 편 산에 大자에 불을 붙여 부처의 대자대비 뜻을 기리는 행사—옮긴이)도 열리는 등 도쿄 천도 이래 교토에 모처럼 밝은 화젯거리가 만발했다.

메이지 이래 교토는 쇠퇴일로를 걷고 있었기 때문에 교토부 지사 기타가키 구니미치(北垣國道)는 교토를 근대적 산업도시로 부흥시키려 했다. 그 일환으로 계획된 것이 오쓰시와 교토시 게아게를 잇는 비와코 수로 건설이었다. 비와코와 우지가와(宇治川)를 잇는 선박의 운항과 수차(水車) 동력, 관개시설 등에 이용하기 위한 것이었다.

기타가키 지사가 주임으로 임명한 약관 21세의 기사 다나베 사쿠로(田邊朔郎)는 미국을 시찰하고 계획을 일부 변경, 수력발전소 건설을 추가했다.

그림엽서에 실린 인클라인은 비와코 수로 시설의 일부. 운하에 배를 띄우는 경사철도를 말한다. 엽서에는 "배가 산에 오르는 기이한 모습"이라 표현되어 있다. 케이블카와 같은 구조로 가설되었는데 높낮이 차 약 35m의 정박시설 사이를 궤도 차량에 배를 실어 나르는 것이다.

제1차 임시 의사당 터에 벼락치기 공사로 건설된 하프팀버(half-timber)양식의 제2차 임시 의사당. 1891년(메이지 24년) 10월에 완성했는데, 이 건물도 화재로 인해 1925년(다이쇼 14년)까지 34년 동안밖에 사용하지 못했다.

1890년(메이지 23년) 11월

제1회 제국의회의 소집

1881년(메이지 14년) 국회개설에 대한 칙령이 하달되고 9년 후에 의회 소집이 결정됨에 따라 국회의사당 건설 계획이 마련된다. 의사당 건설은 이 시기 관청정비계획 최대의 주안점이었는데 재정적인 문제와 일정 문제로 제자리걸음을 했고, 임시 의사당에서 의회를 소집했다.

1890년(메이지 23년) 11월 25일 도쿄시 고지초(麴町)구 나이코(內幸町, 지금의 지요다(千代田)구 가스미가세키霞が關)에 세운 임시 의사당에 4개월 전 첫 당선된 중의원 의원 300명과 황족, 화족(華族), 고액납세자 등으로 구성된 귀족원 의원 252명이 등원했다. 당시 그 모습을 보기 위해 모여든 사람들로 엄청난 혼잡을 이루었다고 한다.

아울러 중의원 의원의 투표율은 약 94%로 매우 높았는데 약 45만 명의 선거권자는 대부분이 지주. 중의원 의원 선거라고는 하지만 지금과는 전혀 다른 양상이었다.

그런데 이 임시 의사당은 이듬해 1월 제1회 제국의회 개회중 누전에 의한 화재로 전소되었다. 귀족원은 화족회관(구 로쿠메이칸)과 데이코쿠(帝國)호텔에서, 중의원은 도라노몬(虎ノ門)에 있는 구 공부(工部)대학교에서 심의를 계속했다.

12층짜리 건물로 통칭 '12층' 으로 불렸다. 2층에서 8층까지는 상점이 들어섰고 9층은 휴게실, 10층 이상은 전망대로 쓰이고 있었다. 12층에는 30배 배율의 망원경이 설치되었다고 한다.

1890년(메이지 23년) 11월

일본의 에펠탑, 료운카쿠

센소지(淺草寺)의 몬젠마치(門前町, 절이나 신사 앞에 이루어진 시가지)였던 아사쿠사(淺草)는 1873년(메이지 6년) 일본 최초의 공원으로 지정되어 여섯 개 구역으로 나뉘어지면서 점포영업을 심야까지 할 수 있도록 허가받았다. 1882년(메이지 15년)에는 스미다가와(隅田川)에 증기선이 등장하고, 또 같은 해에 신바시 - 아사쿠사 사이에 마차철도가 개통되자 아사쿠사를 찾는 사람이 급증하면서 공연장이며, 가설 홍행장, 초밥집, 국수집 등의 음식점이 즐비하게 들어섰고 번화가로서 번영을 구가했다.

거기에 1890년 눈이 휘둥글해질 정도로 큰 건물이 탄생하게 된다. 료운카쿠(梁雲閣)다. 지상 12층 건물로 높이는 약 52m. 붉은 벽돌 건물(정확하게 말하면 11, 12층은 목조)에 8각형으로 된 이 료운카쿠는 당시로서는 일본에서 가장 높은 건물이었고 일본 최초의 엘리베이터(8층까지)도 두 대나 갖추고 있어서 순식간에 서민들의 인기를 모았다.

이 료운카쿠는 1년 전 파리에서 완성된 에펠탑이 인기를 끌고 있다는 말을 듣고 계획한 것이라고 한다. 1년 전 오사카에도 9층짜리 49m의 료운카쿠가 완성되어 똑같은 이름으로 영업을 했다.

그러나 아사쿠사 료운카쿠는 간토대지진으로 8층에서 두 동강이 나버려 어이없는 최후를 맞이했다. 33년이란 짧은 수명이었다.

하코다테(函館)의 카페 긴자(銀座) 거리
오른쪽 맨 앞에 간판이 보이는 다이야를 비롯하여 킹, 엑스, 노아, 무사시노, 긴자회관 등 카페와 바가 즐비하게 늘어서 있다. 쇼와 초기의 히트곡 고가 마사오(古賀政男) 작곡의 「술은 눈물이냐 한숨이냐」를 다카하시 기쿠타로(高橋掬太郎)는 이곳을 거닐면서 노랫말을 만들었다고 한다.

번화가에 대중문화가 만발하다

료운카쿠가 탄생하고 나서 13년 후인 1903년(메이지 36년) 10월 아사쿠사에 주목받는 시설이 또 하나 탄생했다. 일본 최초의 영화 전문관인 덴키칸(電氣館)이다. 처음 일본에서 영화가 상영된 지 6년 뒤, 환등과 니시키에(錦繪, 에도시대 유행한 풍속화인 우키요에의 중에서 목판화로 된 것—옮긴이) 장사가 본업이던 요시자와(吉澤)상점이 문을 연 것이다.

이 해는 서민들의 발에도 커다란 변화가 있었다. 앞 해에 신바시 - 시나가와 사이에 시전(市電)이 개통된 데 이어 아사쿠사 - 우에노 구간도 개통, 철도마차가 완전히 모습을 감추었다. 번화가의 모습은 크게 변화하기 시작했다.

그리고 덴키칸 탄생 4년 뒤에는 아사쿠사에 두 번째 상설 영화관인 산유칸(三友館)이 개관했다. 그 이후 전국의 번화가에 영화관은 없어서는 안 될 공간이 된다.

나중에 언급하겠지만 거리에는 새로운 소매업 형태인 간코바(勸工場)며 백화점, 바와 레스토랑을 겸한 카페 등 새로운 음식점이 등장했고, 번화가는 서민에게 새로운 오락거리를 제공했다. 바꾸어 말하면 새로운 소비문화, 대중문화의 탄생이기도 하며, 따라서 새로운 직업의 탄생을 촉진하는 계기가 되기도 했다. 구체적으로 말하면 여급이나 점원과 같은 제3차 산업에 종사하는 사람이 늘어났다.

The Asakusa Park Tokyo. 淺草公園の活動寫眞 （東京名所）

아사쿠사공원의 번화한 풍경

영화관이나 공연장이 밀집되어 있는 6구(세칭 롯쿠: 6구의 일본어 발음-옮긴이)의 풍경을 찍은 것. 아사쿠사공원을 여섯 개 구역으로 나누었는데, 제6구에는 음식점이 빽빽이 들어섰고, 그림엽서에도 그 활기찬 모습이 등장하여 아사쿠사 롯쿠의 명성은 전국적으로 퍼져나갔다.

아사쿠사칸논(淺草觀音) 상점가

에도시대는 포장마차와 같은 형식이었는데 1885년(메지이 18년) 아사쿠사칸논(아사쿠사 센소지에 있는 관음을 일컫는 말인데 센소지의 애칭이기도 함-옮긴이) 상점가에 붉은 벽돌로 재건축되었다. 왼쪽 시계탑은 메이지 중반에 세운 간코바에 설치되었던 것. 간판에 비어홀이라 쓰여 있다.

淺草觀音世音仲見世及ヒ仁王門ク金ㅅ （東京名所）

The park Asakusa Hanayashiki.　　　　　（大東京）淺草公園 の 名物 花屋敷

아사쿠사의 하나야시키(花屋敷)

1884년(메이지 17년) 약 5300m²(약 1600평)의 크기로 개업. 창업자는 근대의 저명한 저널리스트 하세가와 뇨제칸(長谷川如是閑)의 아버지인 야마모토 도쿠지로(山本德次郎). 그 후 소유자는 바뀌지만 한창 때는 동물원과 식물원, 수족관, 극장, 연예관, 각종 놀이기구 등으로 구성된 종합오락시설로서 인기를 끌었다.

요코하마 이세사키초(伊勢佐木町) 거리

1874년(메이지 7년) 매립을 완료한 이후 간코바나 포목점, 음식점, 공연장, 영화관 등이 들어서 도쿄의 아사쿠사, 교토의 교쿄쿠(京極), 오사카의 센니치마에(千日前)를 능가할 정도로 활기에 넘쳤다고 한다.

Theatre Street at Yokohama.　　　　　横濱 伊勢佐木町 通

오사카 센니치마에 라쿠텐치

메이지 초기까지 오사카 7대 묘지의 하나로 형장도 있었는데, 이곳을 불하받은 흥행사 오쿠다 벤지로(奧田弁次郎)와 후미(ふみ) 부부가 곡예나 곡마를 보여주는 공연장으로 시작한 것이 번화가 센니치마에의 시초다. 그림엽서의 라쿠텐치(樂天地)는 오사카 최초의 활동사진관인 다이이치덴키칸 터에 1914년(다이쇼 3년) 7월에 완성한 복합시설. 극장과 회전목마, 수족관, 롤러스케이트장 등이 있었다.

오사카 도톤보리

에도시대부터 도톤보리가와(道頓堀川) 주변에는 20개가 넘는 공연장이 있었는데 메이지시대 이후에도 가부키를 중심으로 공연을 하던 도톤보리 오자(五座)인 나니와자(浪花座), 나카자(中座), 가도자(角座), 아사히자(朝日座), 벤텐자(弁天座)가 시민의 사랑을 받았다.

고베 미나토가와 신가이치(新開地)

구 미나토가와(湊川)의 가가와 저택 터에 세운 환락가로 전전(戰前)까지만 하더라도 고베에서 가장 번화한 곳이었다. 메이지 말에는 극장이나 영화관, 요세(寄席, 관중을 모아 돈을 받고 만담이나 야담을 들려주는 공연장―옮긴이) 등이 20곳에 이르러 '서일본 아사쿠사'라고까지 불렸다. 그림엽서에서는 왼쪽부터 미나토자, 유라쿠칸, 아사히칸으로 이어진다.

상하이의 야경

불야성을 이룬 중국 난징로(南京路)의 백화점들. 시엔스(先施), 용안(永安), 신신(新新), 다신(大新) 등의 백화점들이 모여 있었다. 댄스홀을 갖춘 곳도 있었다. 상하이는 국제도시, 식민지 도시로서 번성했다. 일본인 거리도 들어섰고 상하이를 동경하는 일본인도 많았다.

고베 미나토가와 유원지 타워
신카이치타워로도 불렸다. 미나토가와공원에 1924년(다이쇼 13년) 개업. 높이는 90m로 동양 최고의 높이를 자랑했다고 한다.

웨스턴(Walter Weston, 오른쪽), 통역(중앙), 그리고 웨스턴의 절친한 안내자였던 가몬지(加門治). '가몬지의 오두막(加門治小屋)' 에서 발행한 그림엽서. 일반적으로는 가몬지(嘉門治)로 표기되는 가미조 가몬지(上條嘉門治)는 1893년(메이지 26년), 처음으로 웨스턴을 안내해 절찬을 받았다.

1891년(메이지 24년) 7월
일본 알프스를 예찬한 등산계의 대부 웨스턴

영국인 선교사로 영국 산악회 알파인클럽 회원이었던 월터 웨스턴은 1888년(메이지 21년) 일본에 온 후로 후지산과 규슈의 아소산(阿蘇山), 기리시마산(霧島山) 등에서 산행을 즐겼는데, 이 해 7, 8월에 처음으로 일본 알프스를 접하고 그 아름다움에 매료되어 계속해서 일본 알프스를 등반하다가 일시 귀국 중이던 1896년(메이지 29년)에 「일본 알프스의 등산과 탐험」을 게재했다.

일본 알프스는 원래 오사카 조폐료에 오야토이 외국인으로 1872년(메이지 5년) 일본에 와서 16년 간 근무했던 영국인 야금(冶金)기사 윌리엄 거랜드(William Gowland)가 이름을 붙인 것으로 알려져 있다. 웨스턴의 일본 알프스 예찬으로 말미암아 일본에

서도 근대적인 등산의 움직임이 활발하게 전개되었고, 1905년(메이지 38년) 일본산악회 설립으로 결실을 맺었다. 웨스턴이 일본에 다시 왔다가 떠나면서 고지마 우스이(小島鳥水)를 비롯한 산악인들에게 산악회 설립을 촉구한데서 비롯되었다.

또한 일본산악회는 그의 공적을 기려 1937년(쇼와 12년) 8월 그의 부조(浮彫)를 가미코치(上高地)에 건립했다. 그리고 지금도 매년 6월 첫 번째 토·일요일에 가미코치에서 웨스턴제가 열리고 있다.

고즈케(上野)에서 쇼기타이(彰義隊, 메이지 초기인 1868년 도쿠가와가의 마지막 장군인 도쿠가와 요시노부[[德川慶喜]의 경호를 위해 결성된 조직─옮긴이)를 토벌한 오무라 마스지로의 동상.
라구사(Vincenzo Ragusa)에게 동상제작 기술을 배운 오쿠마 우지히로(大熊氏廣)는 유럽으로 건너가 기술을 더 익힌 후에 이 동상을 완성했다고 한다. 산조 사네토미가 쓴 비문을 새긴 대좌와 대석은 가모 미즈에(賀茂水穗)가 설계.

1893년(메이지 26년) 2월

야스쿠니신사에 들어선 오무라 마스지로 동상

스오 지방(周防國, 지금의 야마구치시)의 의사 아들로 태어난 오무라 마스지로(大村益次郎)는 막부 말기 두각을 나타내면서 조슈군(長州軍, 막부 말기 막부 타도의 기치를 들고 일어선 조슈번[오늘날 야마구치현]의 세력─옮긴이) 사령관으로 활약, 메이지시대에 들어서자 고즈케에서 쇼기타이를 토벌, 군사 지휘관으로서의 지위를 굳혔다.

그 후 오무라는 육해군을 통괄하는 병부 다이후(大輔, 율령제에서 장관에 해당되는 관직─옮긴이)가 되어 농민을 대상으로 한 징병제를 주장하고 오사카에 상관과 하사관 양성을 위한 병학료를 설립했는데, 무사의 특권을 폐지하려는 중심인물로 간주되어 수구파 사족의 습격을 받아 중상을 입었다. 오무라는 그 부상으로 인해 1869년(메이지 2년) 11월 목숨을 잃었다.

사후에 오무라의 공적을 기려 도쿄에서는 처음으로 서양식 동상을 건립하려는 분위기가 고조된다. 장소는 오무라 자신이 설립에 힘을 쏟은 도쿄 쇼콘샤(招魂社), 훗날의 야스쿠니신사다.

제작자는 이탈리아인 빈센조 라구사의 제자인 오쿠마 우지히로(大熊氏廣). 일본 최초로 석고를 원형으로 한 동상 제작에 들어갔다.

수 차례의 계획을 거쳐 마침내 실현된 오무라상은 야스쿠니신사와 함께 부국강병을 국시로 삼은 메이지시대 도쿄의 명소가 되었다. 비문을 쓴 산조 사네토미는 문장의 마지막을 "아아 동상과 비문과 그대의 공명은 영원하리니"라고 끝을 맺고 있다.

현재 국가중요문화재로 지정되어 있는 우스이(石冰)고개 제3교량. 다리 위로 1963년(쇼와 38년)까지 아프트식(Abt-system railway; 스위스인 아프트가 발명한 특수 철도−옮긴이) 철도를 운행했다. 그림엽서에 나와 있는 것은 최초의 전기기관차. 이 교량은 영국인 찰스 포날(Charles A. W. Pownall)이 설계. 벽돌 20만 개가 사용되었다.

1893년(메이지 26년) 4월

험난한 우스이고개에 개통된 특수 산악철도

우스이고개는 매우 험난해 철도를 놓는 것이 불가능해 보였다. 신에쓰선(信越線)은 우에노 - 요코가와 구간이 1885년(메이지 18년), 가루이자와 - 나오에쓰(直江津) 구간이 3년 후에 개통되었는데 요코가와 - 가루이자와 구간은 레일이 아니었다.

그래서 센고쿠 미쓰기(仙石貢) 기사(훗날의 철도대신, 만철 총재)가 독일에서 도입한, 선로 중앙에 톱니가 달린 특수궤도를 이용한 아프트식 산악철도 방식을 제안, 이를 토대로 난공사를 극복하여 요코가와 - 가루이자와 구간을 개통시켰다.

그런데 이 아프트식 증기기관차는 일본에 있던 오야토이 외국인조차도 본 적이 없는 설비였다. 운전이 매우 힘들어 처음에 요코가와 - 가루이자와 구간은 1시간 10분이나 걸렸다고 한다. 또 기관사는 터널 안에서는 질식할 듯한 연기로 인해 바닥에 엎드려 몸을 앞으로 내밀고 젖은 수건으로 코와 입을 틀어막은 채 운전을 해야 될 정도였다. 덕분에 가루이자와는 피서지로서 번영을 누렸다.

기관사를 괴롭히던 요코가와 - 가루이자와 구간에 1912년(메이지 45년) 5월 일본 최초의 전기기관차(독일제)가 일부 도입되어, 기관사들은 연기로부터 해방되었다.

오른쪽이 대본영 본부 건물. 왼쪽은 아키노리(明憲) 황태후(당시는 황후)의 처소. 참모총장인 아리스가와노미야 다루히토(有栖川宮熾仁) 친왕, 수상인 이토 히로부미, 육군대신 오야마 이와오(大山巖) 등이 자리를 함께 했다. 본부 뒤편으로 히로시마성 덴슈카쿠가 조그맣게 보인다.

1894년(메이지 27년) 9월

히로시마에 전시 최고 통수기관, 대본영 설치

대본영이란 제국 육해군의 최고 지휘관인 천황의 본영이라는 의미로, 전시 최고의 통수기관이다. 1894년(메이지 27년) 8월 청일전쟁이 발발하면서 구레(吳)군항에 가까운 히로시마의 히로시마성 혼마루 터에 대본영이 설치되었고, 천황이 9월 15일 저녁 무렵에 도착하자 101발의 예포가 울려퍼졌다. 천황은 그 후 8개월 간 고교를 비우게 된다.

또 히로시마성 남쪽에 위치한 서편 연병장에는 임시 의사당이 건설되어, 제국의회의 귀족원, 중의원 양원 의원 약 530명도 집합했다. 히로시마가 이른바 임시 수도가 된 것이다.

대본영 건물은 그림엽서에서도 볼 수 있듯이 2층으로 되어 있었다. 1층에는 황족 대신실과 시종직(侍從職)실, 요리사실 등이 있었고 2층에는 옥좌를 비롯하여 탈의실, 시종장실 그리고 군의실(軍議室) 등이 있었다. 예전의 그림엽서에는 천황이 사용한 대나무로 만든 조잡한 '옷걸이'도 실려 있었다. "진중(陣中)에 계시는 천황께서 친히 그러하셨으리라. (중략) 몇 쪽의 대나무일지라도 나라의 귀한 물건일지라"라고 해설, 대본영의 이면을 엿볼 수 있다.

그런데 대본영 터는 1926년(다이쇼 15년) 사적명승천연기념물보존법에 의해 사적으로 지정되었으나 원폭으로 소실되었다.

군용지 매각은 시설 이전비용을 마련하려는 의도도 있었다. 당초에는 '미쓰비시 벌판'이라 칭해지던 황량한 곳이 벽돌 건물로 늘어선 오피스가가 형성되면서 '런던 1번지'로 별명이 바뀌었다.

오피스 빌딩의 선구인 미쓰비시 1호관의 준공

도쿄 마루노우치 오피스 빌딩의 선구인 비쓰비시 1호관이 준공되었다.

원래 마루노우치에는 육군의 여러 시설들이 있었는데 시구(市區) 개정사업의 일환으로 시가지화가 계획되어 군용지를 매각했다. 그 결과 미쓰비시 재벌 이와자키 야노스케(岩崎弥之助)가 마루노우치 일대를 사들였다(미쓰비시 지소가 발행한 『축쇄 마루노우치의 어제와 오늘(縮刷丸の內今と昔)』에 의하면 실제로는 마루노우치는 이용가치가 낮다고 판단해 사려는 사람이 나타나지 않았고, 마지막 수단으로 대장성 대신 마쓰카다 마사요시(松方正義)가 이와자키에게 구입을 의뢰했다고 한다).

이 토지를 "무엇으로 쓸 것인가" 하고 물었더니 그는 "대나무라도 심어서 호랑이나 기르지 뭐"라고 대답했다는 유명한 일화가 있다.

주변 사람들에게는 연막을 피웠지만 이와자키의 꿈은 런던의 비즈니스 가(街)를 재현하는 것이었다. 그는 영국인 조사이어 콘더(Josiah Conder)와 문하생 소네 다쓰조(曾根達藏)에게 설계를 의뢰하여 첫 단계로 미쓰비시 1호관을 건설하였다.

벽돌식 건물의 규모는 지하 1층에 지상 3층 건물. 이 가운데 미쓰비시 본사, 미쓰비시은행, 제111국립은행, 다카다상회 등이 입점했다. 그리고 이듬해에는 2호관, 다시 그 이듬해에는 3호관이 들어서면서 서서히 비즈니스가가 형성되었다.

교토시전(市電)은 처음부터 "땡땡전차(チンチン電車)"라는 이름으로 시민들의 사랑을 받았다. 정차할 때는 1회, 발차할 때는 2회 차장이 종을 울렸는데 그래서 땡땡전차라 불렸다고 한다.

1895년(메이지 28년) 2월

교토에서 최초 개통한 노면전차

노면전차가 처음으로 일본에서 운행된 것은 1890년(메이지 23년)으로, 도쿄 우에노에서 개최된 제3회 내국권업박람회의 미국제 차량 시승회에서였다.

그 후 전국 각지에 설치가 검토되었는데 가장 먼저 구체화된 곳이 교토였다. 시오코지 신타카쿠라(鹽小路新高倉)와 후시미초(伏見町) 교바시 구간 6.6km에서 운행이 개시된 것이다.

도쿄에 맨 먼저 설치되지 않은 것은 법률이나 영업상의 문제 때문이었다고 하는데, 정치적 이권 싸움이 커다란 요인이었던 것 같다.

그러면 어떻게 교토에서 맨 처음 개통될 수 있었을까? 교토신문사 편 『교토시전 이야기(京都市電物語)』에 의하면 게아게발전소에서 이미 전력공급이 이루어지고 있었다는 점, 도로는 좁지만 바둑판처럼 구획이 잘 되어 있어 선로를 부설하기 쉽다는 점, 게다가 박람회 개최라는 대의명분이 있었기 때문이라고 한다. 게아게발전소란 1890년(메이지 23년)의 '비와코수로' 편에서 언급한 일본 최초의 수력발전소를 말한다. 아울러 박람회는 이 해 교토에서 개최된 제4회 내국권업박람회다.

개발에 힘을 쏟은 것은 부의회 의원 다카키 분페이(高木文平). 비와코수로의 개발 담당자인 다나베 사쿠로와 함께 미국 시찰을 갔을 때 전차를 목격하고 개발에 대한 뜻을 굳혔다고 한다.

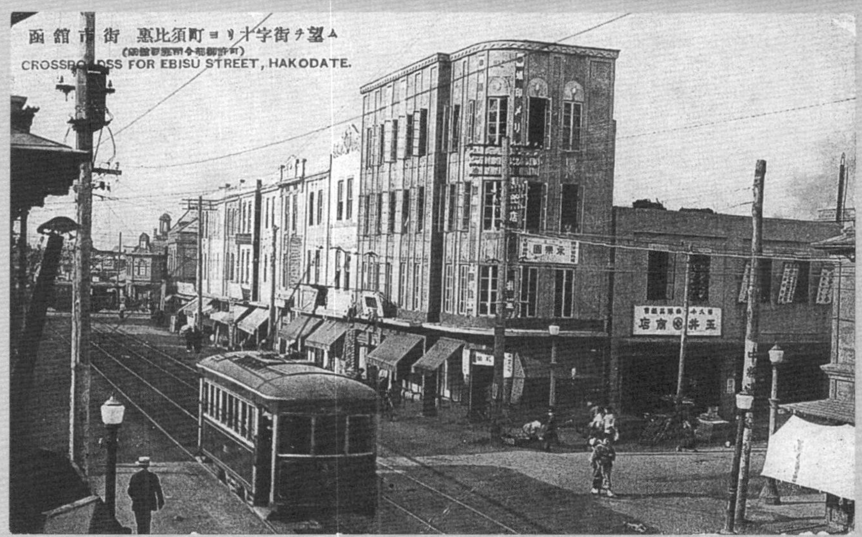

하코다테 에비스초에서 바라본 사거리 풍경
하코다테시전은 1913년(다이쇼 2년) 6월에 도운초(東雲町) - 유노가와(湯の川) 구간에서 단선으로 영업을 개시했다. 혼슈에 비해 홋카이도는 눈이 많은 탓에 노면전차 개통이 늦었다고 한다.

노면전차, 발전하는 시가지의 중심부를 질주하다

앞에서 언급했듯이 최초로 노면전차가 운행된 것은 1890년(메이지 23년) 5월 도쿄 우에노에서 개최된 제3회 내국권업박람회. 그리고 운행에 착수한 것은 훗날 '노면전차 탄생의 아버지'로 불린 도쿄전등주식회사의 기사장 후지오카 이치스케(藤岡市助). 이와쿠니(岩國, 야마구치현 동부에 있는 시—옮긴이) 번사의 집안에서 태어난 그는 미국에 갔을 때 구입한 두 대의 전차를 개조하여 약 400m의 레일을 깔고 시험 주행을 했다.

후지오카는 도쿄 시내에서도 노면전차가 주행할 수 있도록 온갖 노력을 쏟았지만 끝내 허가가 나지 않았다. 그러나 전국 최초로 교토에서 계획이 추진되었을 때는 협력을 아끼지 않았다.

교토에서 최초로 영업용 노면전차가 달리기 시작하면서 나고야, 가와사키, 오이타 - 벳푸, 도쿄, 오사카 등 전국으로 확산되어간다.

도쿄에서는 교토보다 8년이나 늦은 1903년(메이지 36년)에 노면전차가 달리기 시작했다. 그때까지는 말똥을 흘리며 달리던 마차철도였는데, 도쿄에 전차철도가 도입되면서 환경적인 측면에서도 노면전차는 환영을 받았다.

도쿄 개통 후 20일 뒤에 오사카에서도 운행이 개시되었는데, 오사카의 경우는 시가 경영하는 시전(市電)이었다. 그때까지는 모두 민영이었던터라 오사카가 최초의 시영(市營)이 되었다.

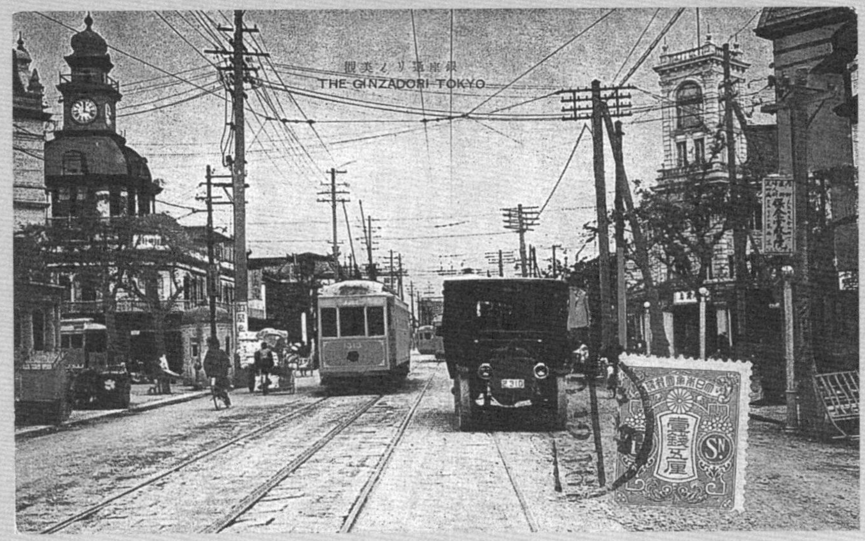

도쿄 긴자 거리

긴자 욘초메의 사거리 풍경. 전차 차량은 다이쇼 초기에 제작된 것. 왼쪽에 보이는 것은 1894년(메이지 27년)에 완성한 핫토리(服部)시계점(지금의 SEIKO시계—옮긴이)의 시계탑. 설계는 하쿠힌칸(87쪽 참조)을 담당한 이토 다메기치(伊藤爲吉)다.

도쿄 교바시

3대 축전이란 도쿄 도읍 50년제, 히가시미야(東宮, 황태자)의 성년 봉축, 도쿄시의 시 제정 30주년을 말한다. 아름답게 꾸민 꽃전차도 운행되었다.

全長 (Length) 89.5ᵐ 幅員 (Width) 36ᵐ˟　　工費 (Cost) ￥342.000ᵐ　　橋屋寄數,　SUKIYA BASHI　　(橋六十大京東)　The 16 Bridges of Tokyo

도쿄 스키야바시(數寄屋橋)

1929년(쇼와 4년)에 완성한 스키야바시(數寄屋橋) 위를 달리고 있다. 전차에 오르면 모던 건축의 대표격인 야마구치 분조(山口文象)가 설계한 다리 위에서, 같은 모던파인 이시모토 기쿠지(石本喜久治)가 설계한 아사히신문사 사옥이 바라다 보였다.

가나자와 미나미초(金澤南町) 거리

시가 발전하는데 노면전차가 없어서는 안 된다고 생각한 당시의 야마모리 다카시(山森隆) 시장이 동분서주하여 1919년(다이쇼 8년)부터 가나자와전기궤도가 영업을 개시. 가나자와역 - 고엔시타(公園下) 구간을 시작으로 옛 성을 도는 순환선 등을 건설했다.

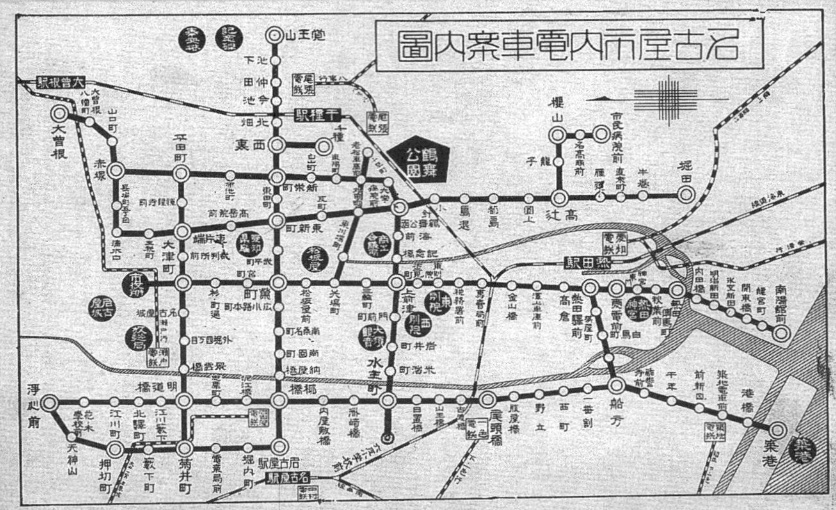

나고야 시내 전차 안내도

나고야는 교토에 이어 세 번째로 노면전차가 운행되었다. 1898년(메이지 31년) 5월에 가사지마(笠島, 나고야 정차장 앞) - 히사야초(久屋町, 구 현청 앞) 구간에 개통. 그 사이에 세 개의 정류소가 있었다. 1922년(다이쇼 11년)부터 나고야전기국이 운영했다.

나고야 정청(征淸)기념비 앞

청일전쟁에서 전사한 나고야 제3사단의 병사 762명을 합사한 이 기념비는 포탄형의 높이 22m. 1900년(메이지 33년)에 준공. 시의 중심부 히로코지(廣小路) 거리와 부헤이초(武平町) 거리의 교차점에 있었다.

교토 시조오하시(四條大橋)

시조(四條) 거리의 가모가와(鴨川) 위로 시전을 운행할 수 있도록 1912년(다이쇼 원년) 시조오하시가 재가설되었다.

오사카 나카노시마 시청사 앞

위용을 뽐내며 오사카 시청사 앞을 달리는 오사카시전. 승객 수가 절정을 이룬 것은 1943년(쇼와 18년)의 143만 명이었다. 아울러 이 시청사는 1921년(다이쇼 10년)에 준공되어 1982년(쇼와 57년)에 해체되었다.

THE GREAT BRIDGE CALLED NISHIOHASHI OVER THE RIVER NAKA ON THE FRONTIER HAKATA AND FUKUOKA.

후쿠오카 니시오하시(西大橋)

후쿠오카에 노면전차가 처음 등장한 것은 1910년(메이지 43년) 3월. 후쿠하카(福博)전기궤도가 경영했다. 시가 자체적으로 운영하려는 움직임도 있었지만 재정난으로 후쿠자와 유키치(福澤諭吉)의 데릴사위인 후쿠자와 모모스케(福澤桃助)에게 설립을 의뢰한 회사다. 훗날 하카타(博多)전기궤도와 합병하여 회사 이름이 후쿠하카전차로 바뀌었는데 후쿠오카에서는 드물게 사철(私鐵)이 처음부터 끝까지 운영했다.

구마모토 조로쿠바시(長六橋) 근처

구마모토시전은 1924년(다이쇼 13년) 8월, 구마모토역 앞 - 조코지초(淨行寺町) 구간 등지에서 영업을 개시. 그림엽서의 조로쿠바시는 1927년(쇼와 2년) 시내에서 맨 처음 철교로 교체되었다. 먼 옛날 구마모토성을 축성할 때 자재를 반입하기 위해 가토 기요마사(加藤淸正)가 놓은 유일한 다리였다고 한다.

THE CHOROKUBASHI KUMAMOTO

순판루(春帆樓)는 해협이 내려다보이는 명승지에 있는데다 요정의 규모, 품격, 경비상으로도 문제가 없어 강화회의 장소로서는 나무랄 데가 없다. 태평양전쟁 때 공습으로 전소, 1955년(쇼와 30년)에 재건되었다.

1895년(메이지 28년) 3월

청일강화회의가 열린 순판루 일본 요리점

1894년(메이지 27년) 8월 1일에 일본이 청나라에 선전포고를 하고 나서 7개월 뒤인 이듬해 3월 20일 시모노세키 순판루에서 강화회의가 시작되었다. 순판루란 후지노 미치(藤野ミチ)가 창업한 일본 요리점이다.

일설에 의하면 순판루는 이토 히로부미가 이름을 지어주었고 정부 요인들이 자주 이용했다. 이토가 1888년(메이지 21년)에 들렀을 때 처음으로 복요리를 극찬한 것을 계기로 그때까지의 복요리 금식령이 해제되고 복요리 공식허가 제1호점으로 인정한 내력이 있다(이토는 과거에도 몇 번인가 복을 먹은 적이 있었는데 금식령 때문에 처음 먹은 척 했다고 한다).

그런 인연이 있었기 때문인지 수상 신분이던 이토 자신이 나서서 순판루를 강화회의 장소로 정했다고 한다. 전승조인식을 고향인 야마구치현에서 거행한 것은 금의환향의 의미도 있었는지 모르겠다.

강화회의는 순판루 정면에서 마주 보이는 2층 왼쪽의 가장 큰 방에서 열렸다. 조인식에 앞서 청나라 대표인 리훙장(李鴻章)이 저격되는 사건이 일어났지만, 청나라가 조선의 독립을 인정하고 타이완과 랴오뚱반도 등을 일본에 할양한다는 것(후자는 나중에 반환), 배상금 약 3억 엔 등의 내용으로 4월 17일에 조약이 체결되었다.

마루노우치에서 가스미가세키로 이전한 대심원(大審院)과 사법성(왼편 안쪽). 엔데-뵈크만 건축사무소(헤르만 엔데 [Hermann Ende])와 빌헬름 뵈크만([Wilhelm Böchmann]이 운영한 건축사무소-옮긴이)는 1890년(메이지 23년) 완성된 제1차 임시 의사당도 일본인 기사와 공동으로 건설했는데 2개월 뒤에 소실. 사법성만 법무성의 붉은 벽돌 건물로 현존. 외관은 중요문화재.

1896년(메이지 29년) 10월
사법성과 대심원의 창설

구미의 수도에 비견할 만한 관청가를 건설하려고 메이지 정부는 독일의 엔데 - 뵈크만 건축사무소와 계약을 맺었는데 중심인물이던 이노우에 가오루(井上馨) 외무경이 실각하여 계획은 중도에서 멈추어버렸다. 그러나 1895년(메이지 28년) 말에 사법성이, 그 이듬해 10월에는 최고법원에 해당하는 대심원(우리의 대법원-옮긴이)이 완성되어, 법의 파수꾼이 서로 이웃하면서 그 위용을 자랑했다.

사법성은 1871년(메이지 4년)에 창설되었다. 근대화를 서두르던 정부와 사법성은 연이어 서구의 사법제도를 들여와 4년 뒤에는 대심원을 설치하고 재판 기능도 그 기구 안에 둠으로써 근대 국가의 조건인 사법권의 독립을 꾀했다. 그리고 대심원은 그 밑에 상등 법원와 부현 법원을 설치, 재판제도를 확립해나갔다.

그런데 그 대심원이 주목할 만한 판결을 내린 일이 있다. 1891년(메이지 24년)의 러시아 황태자 암살미수 사건인 오쓰 사건에 대한 재판에서 고지마 고레카타(兒島惟謙) 원장은 사형을 종용하던 정부의 의향을 뒤집고 범인 쓰다 산조(津田三藏)에게 모살(謀殺)미수죄를 적용하여 무기징역을 언도했다.

그러나 대심원은 이후 어려운 길을 걷는다. 정부권력이나 군부의 발언권이 강화됨에 따라 그만큼 사법권의 독립을 지키기 위한 노력이 필요했기 때문이다.

트라피스트(Trappiste)수도원은 홋카이도 남부지방에 낙농과 유제품을 보급시켰다. 1898년(메이지 31년)에는 하코다테 유노가와에 여자 트라피스친(Trappistine, 트라피스트 수녀회의 수녀-옮긴이)수도원이 개설되었다.

1896년(메이지 29년) 11월

트라피스트 수도원 창립

1618년(겡와[元和] 4년)부터 4년 사이에 기독교도들이 박해를 당하는 시기였는데 에조치(蝦夷地, 홋카이도의 옛 이름-옮긴이) 마쓰마에(松前)에 두 명의 예수회 선교사가 방문했다. 그들은 곧바로 순교했지만 상세한 『에조 보고기(エゾ報告記)』를 남겼다.

그로부터 270년. 하코다테교구가 1891년(메이지 24년)에 발족, 알렉산더 베를리오즈 초대 사제가 트라피스트회 총장으로 수도원 창립을 타진하여, 5년 뒤에 실현되었다. 정식으로는 '겐리쓰시트회(嚴律シトー會) 등대 성모 대수도원' 이라 한다.

장소는 하코다테에서 서쪽으로 약 30km 떨어진 도베쓰(當別). 프랑스인 제라르 프리에(4년 뒤에 일본에 귀화하여 오카다 후리에이[岡田普理衛]로 개명한다)를 비롯한 9명의 창립자들이 일본에 왔다.

수도원의 주요 업무는 기도와 독서 그리고 노동. 황량한 들판에 네덜란드에서 젖소 홀스타인을 들여와 훌륭한 낙농지로 탈바꿈시켰다. 그러나 쇼와 초기에는 유제품이 널리 알려지지 않아 판로 때문에 고심했다고 한다.

1920년(다이쇼 9년)에는 원장의 초청으로 동요 「고추잠자리(赤とんぼ)」의 작사가로 유명한 시인 미키 로후(三木露風)가 인근 민가에 머물면서 약 4년 간 교사로 근무했는데, 젊은 지원자들에게 문학과 작문을 가르쳤다.

타이완(台灣) 시가지가 내려다보이는 위안산(円山) 언덕(지금의 [円山]대반점 근처)에 조성되었다. 폐절되기까지 관폐[官幣]신사(신사의 격의 하나로, 궁내성으로부터 공물을 봉납받는 격이 높은 신사. 패전 후 폐지됨—옮긴이)로서 타이완 내 최고의 신사였다. 신을 들일 때에는 기롱강(基隆江)에 메이지바시(明治橋)도 가설되었다. 1933년(쇼와 8년)에는 석교로 바뀌었다.

1898년(메이지 31년) 10월

타이완 민중 황민화정책 목적으로 조성된 타이완 신사

일본은 청일전쟁의 승리로 타이완의 지배권을 획득했다. 이 해 3월 육군에서 으뜸가는 인물로 알려진 고다마 겐타로(兒玉源太郎)가 타이완 총독으로, 고토 신페이(後藤新平)가 살림을 맡는 민정국장으로 취임하면서 마침내 일본의 타이완 통치가 본격화되었다.

그 해 10월 27일 타이완신사가 식민지 신사의 선구적 역할을 했다. 전후에 『해외신사사(海外神社史)』를 저술한 오가사와라 쇼조(小笠原省三)는 저서 앞부분에 "일본인이 있는 곳이면 반드시 신사가 있었고, 신사가 있는 곳에는 일본인이 있었다"고 썼듯이 당시 타이완신사가 자리잡은 것은 타이완에서 일본인이 깊게 뿌리 내릴 장래를 예감하게 하는 사건이었다. 또한 타이완 민중을 황민화할 목적도 있었다.

제신(祭神)은 영토 개척의 의미를 포함하고 있었고 삿포로신사나 훗날의 사할린신사에서도 제를 지낸 '개척 3신', 즉 오쿠니타마노미코토(大國魂命), 오나무라미코토(大己貴命), 스쿠나히코나미코토(少彦名命) 외에 기타시라카와미야(北白川宮) 친왕도 제를 지냈다. 친왕은 1895년(메이지 28년) 타이완 출병 때 근위사단장으로 출정했다가 병사했기 때문이다.

신사로 들어가는 길 양편에는 수많은 석등이 놓여 장관을 이루었는데, 타이완신사는 매년 10월 28일(친왕이 죽은 날)에 대제사를 거행하며 관청, 학교 모두 공휴일로 하였다.

조선신궁
1925년(다이쇼 14년) 10월 경성(지금의 서울) 남산에 창건. 아마테라스 오미카미(天照大神)와 메이지 천황을 제신으로 앉혔다. 단체 참배를 독려하기 위해 총독부에서는 '초등학교 학생이 조선신궁 참배를 위한 여행을 할 경우에 대한 지침' 이라는 공시를 발령하여 여객 운임을 28% 할인해주기도 했다.

식민지에 신사를 잇달아 창건하다

메이지시대에 들어서자 정부는 신도(神道)를 국교의 위치로 끌어올리기 위해 종교정책을 추진, 국가의 제사를 국가신도(신사신도)로 거행하기로 결정했다. 유신 당시 복고 신도를 중시하려는 세력이 강해 신사신도를 특별 취급한 것이다.

그 정책이 식민지에도 구현되어 어김없이 신사가 창건되었다. 그리고 신사를 통해 이민족을 정신적으로도 통일하려 했다. 그 대표적인 예가 조선신궁이나 타이완신궁(타이완신사에서 나중에 승격) 등이다. 신사 숭배를 강요했다가 더러 불행한 사태를 초래했던 아픈 역사가 있다.

한편 일본인에 의한 일본인을 위한 해외 신사도 상당수 있었다. 미지의 땅에 정착하여 개척하는 과정에서 소박한 민간신앙에 의한 신사를 세우고 안녕을 빌었다. 그래서 "일본인 가는 곳에 신사가 있다"고 한 것이다.

이렇게 하여 전쟁 전에는 식민지에 6, 7백여 개의 신사가 존재하던 것이 일본의 패전으로 모두 소멸되었다. 또 GHQ(연합군사령부)는 국가신도는 전쟁 전 일본 군국주의의 본산이었다고 판단하여, 1945년 12월 15일 국가와 신도를 분리하도록 일본 정부에 명령했다.

경성신사

1898년(메이지 31년) 아마테라스오미카미를 모셨으며, 맨 처음에는 남산 대신궁으로 창건되어 1916년(다이쇼 5년) 경성의 총 토속신으로 삼아 이 이름으로 개칭. 그 10년 뒤부터 조선인을 제사에 참여시켰다.

평양신궁

1916년(다이쇼 5년) 창건. 1935년(쇼와 10년)에는 미션 스쿨에 대해서도 정기적인 신사 참배를 강요했다. 그러나 학교 측은 반대 입장을 취했고 결국 폐교를 결의, 당초만 해도 20개 교 가까이 폐교했다. 일본이 패전하던 날 불태워졌다.

Hsinking Shrine (Hsinking)　　　　　　　　（京新）社　神　京　新

신징신사

1907년(메이지 40년) 창춘신사로 창건. "전차가 신사 앞에 이르러 차장이 '지금 신징(新京)신사 앞을 지나고 있습니다' 고 알리면 국적와 인종을 불문하고 모자를 벗어 정중하게 고개를 숙이며 통과했다"(『아! 만주(ああ滿州)』)고 한다.

푸순신사

탄광촌으로 발전한 푸순에 신사가 들어선 것은 1909년(메이지 42년) 2월. 그곳에 이주해온 일본인들의 수호신으로 자리매김하고 있었는데, 2년 뒤 연말에 처음으로 신사 앞에서 결혼식이 열렸다.

사할린(가라후토)신사

1910년(메이지 43년) 창건. 오쿠니타마노미코토, 오나무라미코토, 스쿠나히코나미코토의 개척 3신을 제사했다. 이로부터 30년 뒤에는 127개 신사가 사할린에 있었다고 한다. 구 소련과의 관계 때문이었는지 일찌감치 이 관폐신사가 들어섰다.

사이판신사

1931년(쇼와 6년) 건립. 여기에서도 강제 참배가 이루어졌다고 한다. 또한 사이판(彩帆)신사 뒤편에는 가토리 (香取)신사가 있었다. 군함 가토리가 1914년(다이쇼 3년)에 사이판을 점령, 그 기념비적 의미가 담긴 사당을 세운 것이다. 남양군도에는 20여 개의 신사를 세웠다.

신바시 쪽의 긴자에 있던 데이코쿠하쿠힝칸(帝國博品館). 오르골 음악이 흐른 뒤에 시보를 알리는 문자판의 직경이 1.2m나 되는 큰 시계도 명물이었는데 1921년(다이쇼 10년) 상부 증축 때 철거되었다. 앞쪽에 있는 아치교인 신바시는 하쿠힝칸이 개업한 그 해 5월에 개통되었다.

1899년(메이지 32년) 10월
데이코쿠하쿠힝칸에 개업한 도쿄 최대의 간코바

일본 최초의 본격적인 박람회, 제1회 내국권업박람회가 도쿄 우에노에서 개최된 그 이듬해 1878년(메이지 11년) 고지초구 에이라쿠초(永樂町)에 간코바라는 것이 탄생했다. 박람회에서 팔다 남은 상품을 판매하는 것이 목적이었는데, 이 다양한 품종의 상품을 판매하는 간코바가 전국 각지에 출현했고 한창 때는 도쿄 시내만 하더라도 27군데나 있었다. 백화점이 출현하기 전까지 소매업으로서 시대의 한 획을 그었다.

이 해 10월 17일 긴자에서 일곱 번째의 간코바로 개업한 것이 데이코쿠하쿠힝칸이다. 훗날 도쿄 최고라 할 정도의 매상고를 자랑한 간코바의 탄생이다.

하쿠힝칸은 "메이지 30년대의 긴자를 특징짓는 것은 핫토리 시계탑과 간코바 하쿠힝칸이다"고 할 정도였고, 3층 건물이면서 내부는 계단이 거의 없는 나선형의 통로를 이루고 있어 건물 안을 한바퀴 돌게 하는 독특한 설계며, 커피숍, 단팥죽 가게 등을 열어 휴식과 즐거움을 제공해 인기를 독차지했다.

개업시 이미 긴자 거리는 간코바를 배회하는 긴부라(도쿄의 번화가인 긴자와 부라부라(ブラブラ)라는 일본어 의태어의 합성어, 부라부라는 어슬렁거리며 돌아다닌다는 뜻으로 긴자에서 할 일 없이 배회하는 사람들을 일컫는 말—옮긴이)들이 등장했는데 간코바가 쇠퇴기에 접어들었을 무렵에도 하쿠힝칸은 마지막까지 살아남았다. 이 건물이 소실된 것은 간토대지진 때였다.

NANKI BUNKO (MARQUIS TOKUGAWA'S LIBRARY) AZABU, TOKYO.

1908년(메이지 41년) 준공한 난키(南葵)문고 신관. 1층에 230m²(70평)의 열람실, 목록실, 신문열람실 등이 있고, 2층에는 부인 열람실 등이 있었다. 본관은 1933년(쇼와 8년) 오이소(大磯)로 옮겨져 별장으로 변모했다. 현재는 아타미(熱海)시의 빌라 델 솔(Villa del Sol) 호텔의 일부로 이용되고 있다.

1899년(메이지 32년) 12월

최초의 사설도서관, 난키문고 개관

기슈(紀州) 도쿠가와가의 15대 요리미치(賴倫) 공은 1896년(메이지 29년)부터 2년간 유럽을 시찰하면서 서구의 도서관 제도에 감명을 받았다. 당시 유럽에서는 왕후 귀족이 사재를 들여 도서관을 설립·운영하면서 문화발전에 공헌하고 있었기 때문이다.

그리하여 요리미치 공은 도쿄 아자부 이쿠라(飯倉)의 저택 안에 도서관을 세워 기슈 가문 전래의 2만여 권의 일서와 한서를 정리·보존하여 지역 유지나 친족 자제가 열람할 수 있도록 하려 했다. 이것이 일본 최초의 사설도서관 난키문고의 탄생이다. 총면적 약 142m²(43평)의 서양식 목조 2층 건물로, 1층에 열람실, 2층에는 요리미치 공 자신이 정리한 관장실과 회의실 등이 있었다. 그 뒤 가쓰 가이슈(勝海舟)와 마쓰우라 다케시로(松浦武四郎, 에조치를 홋카이도라 명명한 사람)의 유고 등도 기탁을 받아 완성 6년 뒤에는 벽돌식 3층 건물의 제2서고를 증설, 1908년(메이지 41년)에는 옥탑이 붙은 2층 신관을 더하여 일반에까지 공개하기에 이른다. 설계자는 도쿄제국대학 내 수많은 건물을 설계·감리한 문부성 기사 야마구치 다카요시(山口孝吉)다.

그런데 간토대지진으로 도쿄제국대학 도서관이 소실된 후 재건할 때 난키문고는 장서 모두 기증하고 폐관했다.

도야마도서관
정확하게는 도야마시립도서관. 다이쇼 천황이 히가시미야(東宮) 전하 시절에 행차했던 것을 기념으로 도야마시가 1909년(메이지 42년) 10월에 개관했다. 그러나 얼마 되지 않아 공간이 너무 협소해져 다시 다쓰노 긴고(辰野金吾)의 설계에 의해 그림엽서의 건물을 세웠다. 1912년(다이쇼 원년) 12월이다. 2년 뒤 공습으로 소실되었다.

도서관, 지식의 기반을 쌓다

메이지 초기 정부 파견 유학생이나 오야토이 외국인들에 의해 관립 도서관의 필요성이 제기되었다. 그리하여 1875년(메이지 8년) 도쿄서적관이 개설되었는데, 당초에는 막부 시대의 장서가 중심이었고 시설도 유지마(湯島)성당의 한 구역을 이용하는 정도의 규모였다.

이 시설은 그 뒤 아사쿠사로 이전하여, 1880년(메이지 13) 명칭도 도쿄도서관으로 바뀐다. 1897년(메이지 30년) 4월에는 제국도서관 관제가 공포되었다. 구미의 국립도서관의 형태에 좀 더 다가서기 위해 설비 및 장서의 정비와 확충을 꾀한 것이다. 이때 도쿄도서관은 제국도서관으로 이름이 바뀌었다(도서관이라는 단어가 공적인 문서에서 사용된 것은 이보다 7년 전의 일이다).

새로운 제국도서관은 도쿄의 우에노공원에 계획되어 1906년(메이지 39년) 3월에 개관했다. 동양 최대를 목표로 했지만 경비절감 차원에서 당초 구상했던 규모의 4분의 1 정도로 축소되었다.

그런 우여곡절이 있었으나 도서관은 서양의 사상과 학문을 흡수하려는 근대화의 출발점 중 하나였다고도 할 수 있다. 메이지 말기에는 전국에 540개의 도서관이 마련되었다.

제국도서관과 열람실
1930년(쇼와 5년) 증축기념으로 발행된 그림엽서. 증축 부분 준공은 그 앞 해 8월. 개관 당시는 벽돌 건물이었는데 증축 부분은 콘크리트 구조물이다. 정면 입구에서 마주보면 오른쪽에 식당과 사무실, 열람실 등이 증설되었다.

行發堂開弘尾西　　　館書圖尾西

니시오(西尾)도서관

아이치(愛知)현 니시오시에 있으며 정확한 명칭은 사립도서관 이와세(岩瀬)문고. 1907년(메이지 40년)에 이 지역 실업가이자 독서가인 이와세 야스케(岩瀬弥助)가 사재를 털어 창설했다. 목조 기와 1층의 전통식 건물로 50명 규모의 열람실과 제본실, 300명을 수용할 수 있는 공회당이 설치되었다. 이와세가 수집한 대부분의 희귀본 약 5800권도 소장되었다.

Library Nakanoshima Osaka.　　館書圖島之中　（所名阪大）

나카노시마(中之島)도서관

스미토모(住友)재벌의 기부로 1904년(메이지 37년)에 완성. 스미토모 건축부의 노구치 마고이치(野口孫市) 등이 설계를 위해 미국 동해안을 시찰한 결과, 고대 로마 신전풍의 모습을 띠게 되었다. 당시 건축 중이던 뉴욕대학도서관에서 착안했다고 한다. 1922년(다이쇼 11년) 양 날개 부분이 증축되었다. 오사카 부립 나카노시마도서관으로 현존하며 중요문화재로 되어 있다.

해수욕장에까지 설치된 자동전화부스(오른쪽). 형태는 2대째의 것이다. 3대째는 회색 4각 부스. 1927년(쇼와 2년) 무렵부터 설치되기 시작했다.

1900년(메이지 33년) 10월
자동전화부스의 등장

이 해 9월 11일 신바시역과 우에노역에 일본 최초의 공중전화가 설치되었다. 그 다음 달, 이번에는 교바시에 6각형의 흰색 전화부스가 설치되었다. 이 전화기들을 모두 영어 'Automatic Telephone'을 번역한 '자동전화'라 불렀다.

이용법은 먼저 전화국의 교환수를 호출하여 상대의 전화번호를 알려주고 5전이나 10전 짜리 동전을 넣었다. 동전에 따라 다른 소리가 났고 교환수는 소리를 확인하고 연결해주었다.

일본에 처음으로 전화기가 들어온 것은 1877년(메이지 10년)이다. 이듬해에는 국산 전화기도 탄생했는데 수화기에서 나오는 소리를 듣고 관리들이 "마치 귀신 소리 같다"고 했다고 한다. 가입자 모집이 시작된 것은 그로부터 12년 뒤의 일이다.

그런데 자동전화부스는 처음에 요금이 너무 비싸 이용하는 사람이 그다지 많지 않았다. 1회 통화가 5분간으로 요금은 15전. 일본주 한 병(1.8ℓ)을 살 수 있을 정도의 금액이었다. 그래서 2년 뒤부터는 시외전화를 5전으로 인하했다. 그러자 이용 횟수도 전년의 세 배 이상으로 늘어났다. 전화부스 색깔도 처음에는 흰색에서 10년 뒤 빨간색으로 바뀌었다. 메이지 말기에는 전국에 약 200대가 설치되었다.

하늘을 온통 검은 연기로 물들인 야하타(八幡)제철소. 전쟁 전 가장 인구가 많았던 1943년(쇼와 18년)에는 약 27만 9000명을 헤아렸다. 1902년(메이지 35년)에는 야하타정차장과 고등소학교, 심상소학교가 개설되었다.

1901년(메이지 34년) 2월
관영 야하타제철소 조업 개시

후쿠오카(福岡)현 야하타촌에 건설된 관영 야하타제철소가 이 해 2월 5일, 제1호 용광로의 점화식을 거행하고 조업을 개시했다.

그때까지 일본의 제철 생산량은 보잘것없는 수준으로, 대부분은 영국을 비롯한 해외로부터 수입하고 있었다. 그런데 병기 등의 수요가 증가하자 의회는 무기의 독립 생산과 공업 발전에 철강업의 존재가 불가결하다고 판단하여 청일전쟁이 발발한 2년 뒤인 1896년(메이지 29년) 3월 병기용 철강재의 생산을 주로 하고, 일반 철강재를 부차적으로 생산하는 관영제철소 설립 예산을 확정지었다. 설치 장소는 여러 후보지가 있었는데, 그 이듬해 2월 인구 고작 1715명의 한촌이면서도 열심히 유치활동을 벌인 후쿠오카현 온가군(遠賀郡) 야하타촌으로 결정되었다.

조업 후 독일인 기사의 지도 하에 가동을 시켰으나 기술적인 문제가 발생했고, 그것을 극복함으로써 궤도에 오를 수 있었다.

10년 뒤에는 철강재 국내 수요의 9할을 공급했고 민간에 의해 설립된 고베제철소와 일본강관 등에 기술지도도 하게 되었다.

한편 야하타촌은 인구가 급증하여 시로 승격된 1917년(다이쇼 6년)에는 약 8만 5000명으로 늘었다.

아시오(足尾)초 전경. 마을 내 토지의 대부분을 광산시설이 점하고 있음을 알 수 있다. 아시오 광독(鑛毒)오염은 공해 문제의 시발점이 되기도 했다. 1880년대부터 구리 수출량이 급격하게 증가했는데 아시오광산의 산출량이 늘어난 결과이기도 했다.

1901년(메이지 34년) 12월

천황의 마차에 뛰어든 다나카 쇼조

중의원 의원인 다나카 쇼조(田中正造)는 의회 개원식에 참석했다가 돌아가는 메이지 천황의 마차에 뛰어들어 직소장을 내밀었다. 경관이 다나카를 제지한 탓에 직소장은 천황에게 전달되지 못했는데, 직소장에는 도치기현의 아시오구리광산의 광독오염에 대한 실상이 기록되어 있었고, 정부에 복구를 촉구하는 내용 등이 담겨 있었다.

아시오광산은 1877년(메이지 10년) 무역상인 후루카와 이치베(古河市兵衛)가 취득하면서부터 새로운 채광기술을 도입하는 등 비약적인 발전을 했고, 마침내는 일본 구리 산출량의 절반을 차지할 정도가 된다. 구리는 중요한 군수물자이면서 생사(生絲)에 이은 주요 수출품이어서 구리 생산에 사활을 건 시대이기도 했다.

한편 증산체제는 환경을 악화시켰다. 수목의 벌채와 연기 피해로 인한 산림의 황폐가 진행되면서 와타라세가와(度良瀬川)의 홍수 피해를 증대시켰고, 동시에 광독 피해를 주변 주민들에게까지 확산시켰다.

이 문제에 관심을 가진 다나카는 의원직을 사퇴하면서까지 직접 호소를 감행했다. 그 결과 정부는 광독조사회를 설치했으나 조사회는 피해가 컸던 다니나카촌의 인공 저수지화라는 답신을 제출했고, 결국 다니나카촌은 폐촌의 위기에 놓이게 된다.

다나카는 지역민과 저항을 계속했지만 병으로 사망. 그가 죽은 4년 뒤인 1917년(다이쇼 6년) 잔류했던 사람들마저 다니나카촌에서 쫓겨났다.

개교식 당일에는 학생들의 대대적인 제등행렬이 거행되었는데 니주바시를 향한 행렬은 4km에 달했다. 오른쪽 간판에 '학생모집' 이라는 문구가 보인다. 문부성 인가 대학이 되는 조건은 문부대신의 인가를 받은 상당수의 교원 채용과 도서관 및 교육설비의 정비 등이었다.

1902년(메이지 35년) 9월

최초 사립대, 와세다대학의 개교

오쿠마 시게노부(大隈重信)에 의해 1882년(메이지 15년) 10월에 개교한 도쿄전문학교가 20년 뒤에 와세다대학이 되었다. 사립으로 '대학' 이라는 명칭을 단 최초의 사례다. 『에피소드 와세다대학』에 의하면 "메이지 23년(1890년)에 '대학부' 를 개설한 게이오(慶應)의숙의 영향이 적지 않았던 것 같은데, 도쿄전문학교가 '대학' 명칭을 붙임으로써 다른 사립 전문학교가 대학의 이름을 붙이게 된 도화선이 되었다.

도쿄전문학교 개교를 전후로 센슈(專修)학교(훗날의 센슈대학)나 도쿄법학교(훗날의 호세이대학), 메이지(明治)법률학교(훗날의 메이지대학)가 개교하면서 일종의 붐이 일어났고, 지방에서 올라온 학생을 위해

『도쿄유학안내(東京留學案內)』라는 안내서까지 발행되었는데, 와세다대학의 탄생이 면학 분위기를 한층 고조시킨 것이다.

그러나 문부성이 인가한 사립대학의 탄생은 1920년(다이쇼 9년)까지 기다려야 했다. 그때까지 홋카이도, 도호쿠, 도쿄, 교토, 규슈의 각 제국대학 졸업생들만 학사 칭호를 딸 수 있던 것이 사립대학에도 인정되어 게이오대, 와세다대, 메이지대, 호세이대, 니혼(日本)대, 구쿠가쿠인(國學院)대, 도시샤(同志社)대가 인가를 받았다.

외국인 기사의 지도에 의해 습득한 석조 등대 기술과 일본의 독자적인 축성 기술 및 석공 기술이 결합하여 일본에서 가장 높은 등대(현존)를 완성. 빛은 바다 위 40km까지 도달했다.

1903년(메이지 36년) 4월
일본인의 손으로 점등한 히노미사키 등대

근대 등대의 효시는 1869년(메이지 2년) 2월(음력 1월)에 점등한 가나가와현 간논자키(觀音崎)등대다. 프랑스인 기술자 프랑소와 베르니(FranÇois L. Verny)의 지도로 건설되었고, 네 군데의 등대를 세웠다. 이후 '일본 등대의 아버지'로 불리는 영국인 리처드 브런턴은 28군데에 등대를 세웠다. 기존의 피라미드 모양으로 높게 쌓아올린 석등롱을 대신한 서양식 등대는 외국인의 지도에 의해 지속적으로 세워졌다.

그러고 나서 마침내 이 해 4월, 설계와 시공을 모두 일본인의 손으로 한 등대가 점등했다. 시마네현 이즈모(出雲)의 히노미사키(日御碕)등대다. 등대 꼭대기까지 약 44m의 높이로 이후로도 오랫동안 일본 가장 높은 등대로서의 기록을 보유한다.

메이지시대 전반기, 등대는 태평양 쪽을 중심으로 건설되었다. 그때까지 동해 쪽은 1876년(메이지 9년)에 점등한 야마구치현 쓰노시마(角島)등대와 1881년(메이지 14년)의 후쿠이현 다치이시자키(立石崎)등대, 그 다음다음 해 노토반도의 로쿠고자키(祿剛碕)등대 등 몇 안 되는 숫자였다.

그와 더불어 1899년(메이지 32년) 7월 하마다와 사카이가 개항장 지정을 받아 교토부의 교가미사키(経ヶ岬), 시마네현의 미호노세키(美保關), 이즈모의 히노미사키로 이어지면서 잇달아 등대가 건설되었다.

니시무라 간이치(西村貫一)의 『일본 골프사(日本ゴルフ史)』에 따르면 당시 일본 서민들은 골프에 대해 "서양인은 도무지 알 수 없는 놀이를 비가 오나 뙤약볕이 내리쬐나 정신 없이 하고 있어. 저게 분명 돈이 되긴 되는 모양이야. 도박을 하고 있는 게 분명해"라고 수군거렸다고 한다.

1903년(메이지 36년) 5월
최초의 골프클럽, 고베골프구락부

1868년(게이오 4년) 일본에 와서 일본인 여자를 아내로 맞아들여 반 세기 동안이나 일본에서 산 영국인 아서 그룸(Arthur Groom)이 1895년(메이지 28년) 고베 롯코산에 처음으로 별장을 지은 지 몇 년 후의 일이다. 그가 별장에 친구들을 초청하여 고향에 대한 이야기를 나누던 차에 누군가가 "고향 생각을 하면서 골프라도 즐기는 게 어때?" 하고 제안을 했다고 한다.

당시의 롯코산은 온통 바위투성이였던데다 잡초와 관목이 우거져 있었다. 골프장으로 정비하기에는 엄청난 노동력이 필요했지만 그들은 조금씩 터를 닦아나갔다.

최초로 4홀의 골프장이 완성된 것은 1901년(메이지 34년). 그 후 9홀로 늘어났고,

1904년(메이지 37년)에는 18홀 3,576야드의 본격적인 골프장이 완성되었다. 그 앞 해에 일본 최초의 골프클럽인 고베골프구락부가 정식으로 발족되었다. 5월 24일 발족식에는 효고현 지사와 고베 시장도 참석했다.

아울러 1905년 9월에는 일본 최초의 부인 골프대회도 개최되었다.

1914년(다이쇼 3년) 도고는 훗날 천황이 된 황태자의 가정교사단인 도구고가쿠몬쇼(東宮御學問所)의 총재로 취임하여 7년 간 매일처럼 도구고쇼(御所)에 출근했다고 한다. 그림엽서는 손자인 가즈오(一雄)와 함께 찍은 사진.

1903년(메이지 36년) 12월

연합함대 사령관장으로 발탁된 도고 헤이하치로

훗날 수상에 취임한 일본 해군의 아버지이자 해군대신이던 야마모토 곤베(山本權兵衛)는 이 해 12월 히타카 소노조(日高壯之丞)를 경질하고 그다지 두각을 나타내지 못하던 도고 헤이하치로(東鄉平八郎)를 연합함대 사령관장으로 발탁한다. 러일전쟁 발발 직전이었는데, 이 인사가 성공을 거두어 일본을 승리로 이끄는 데 한몫을 하였고, 도고 자신 또한 '성장(聖將)' 이라 불릴 정도로 군인으로서는 최고의 지위에까지 오르게 된다.

사쓰마의 무사 집안에서 태어난 도고는 1871년(메이지 4년)부터 해군 유학생으로 7년 간 영국을 체험한다. 유학중 도고는 어학과 국제법을 공부하고 귀국하여 해군의 귀중한 인재가 되었다. 훗날 병에 걸려 예편될 위기에 처했지만 야마모토가 도고의 장래성을 높이 사서 대상에서 제외시켰다는 일화도 있다.

사령관장이 된 도고는 전함 미카사(三笠)에 승선하여 1905년(메이지 38년) 5월 28일 러시아의 주력 함대인 발틱함대를 격파하는 수훈을 세웠다. 1934년(쇼와 9년) 사망하자 장례는 국장으로 치러졌고, 1940년(쇼와 15년) 그를 제신으로 하는 도고신사가 도쿄 하라주(原宿)에 건립되었다.

1910년(메이지 43년) 5월 도쿄 만세이바시(万世橋)역 앞에 세워진 히로세(廣瀬) 중좌(일본군의 계급으로 한국의 중령에 해당—옮긴이)와 스기노 병조장(일본 해군의 계급으로 한국의 준사관에 해당—옮긴이)의 동상(와타나베 나가오[渡邊長男] 작). 전후 1947년(쇼와 22년), 추방 동상 제1호로 철거되었다.

1904년(메이지 37년) 3월

뤼순에서 장렬히 전사한 히로세 중좌

러일전쟁에서 함대를 비롯한 러시아 병력을 뤼순항에 봉쇄하는 뤼순항 폐새(閉塞) 작전은 대단히 중요한 위치를 점하고 있었는데, 이 해 3월 27일에 수행된 제2차 작전 중 히로세 다케오(廣瀬武夫) 중좌는 행방불명된 부하 스기노 마고시치(杉野孫七) 병조장을 수색하던 중 타고 있던 소형 배가 폭격을 받아 전사했다.

극한 상황에서도 부하를 생각하는 그의 행동은 국민들 사이에서 널리 칭송을 받아 군신으로 떠받쳐졌고, 도쿄 만세이바시역 앞에 동상을 건립, 도고 헤이하치로 연합함대 사령관장도 제막식에 참석했다.

문부성 창가는 "작열하는 포성, 날아오는 탄환, 거친 파도 뱃전을 때리는데 어둠을 뚫고 들려오는 중좌의 외침 '스기노 어디 있나? 스기노 살아 있지?'"라고 노래했고, 군가에서도 "말 한 마디 행동 하나 거침이 없고 일본 제국군인의 귀감을 보여준 히로세 중좌는 죽었는가?"라고 노래했다. 또 출신지인 오이타현 다케다시(竹田市)에는 히로세신사도 건립되었다.

원호가 메이지로 바뀌기 직전인 1868년(게이오 4년) 7월에 태어난 히로세는 해군병학교를 졸업한 뒤 러시아에 5년 간 유학, 러시아의 궁정사회에 출입할 정도로 철저하게 러시아 사회를 익혔다.

이스잔(椅子山) 보루(堡壘)

그림엽서는 "보루 엄폐부의 외부인데 실로 광대한 시설이다. 지하에도 지상과 같이 엄폐부를 만들어 비할 데 없이 견고한 구조로 되어 있다"고 설명한다. 이스잔은 203고지 동쪽에 위치하고 있었다.

러일전쟁, 뤼순을 공략하다

1904년(메이지 37년) 2월 10일 일본이 러시아에 선전포고를 함으로써 시작된 러일전쟁은 뤼순 공방이 관건을 쥐고 있었다. 일본군으로서는 발틱함대가 극동으로 오기 전에 러시아의 뤼순함대를 공격해야 했다.

그 과정에서 뤼순항 폐새(閉塞)작전 수행중 전사한 히로세 다케오 중좌는 '군신'이 되었고(101쪽 참조), 한편 육지에서는 노기 마레스케(乃木希典) 대장이 이끄는 제3군이 뤼순을 함락시키기 위해 8월 19일부터 총공격을 개시했다. 그러나 뤼순은 거대하면서도 강고한 요새였다. 청일전쟁에서도 전쟁터가 된 곳인, 그 후 러시아군이 빙 둘러서 지하요새를 구축하고 있었던 것이다. 제3군은 수많은 사상자만 냈다.

제3차 총공격 때 노기는 203고지(얼링산, 爾靈山)를 목표로 공격해 들어갈 것을 결의했다. 203고지를 점령하면 일본군이 산을 넘어 적함을 포격할 포탄의 착탄 관측뿐 아니라 직접 포격도 가능했기 때문이다.

203고지를 둘러싼 양군의 전투는 갈수록 치열해졌다. 도중 사상자 수용을 위한 일시휴전을 거쳐, 12월 5일 가까스로 공략, 새해 1월 1일 러시아군은 항복했다.

동지관산(東鷄冠山) 북쪽 보루

그림엽서는 "이루 말할 수 없는 격전을 거듭, 메이지 37년 12월 18일 심야에 마침내 점령한 곳. 사진을 통해 얼마나 견고하게 축조되었는지 엿볼 수 있다"고 설명. 동지관산은 구 시가지의 북동쪽에 있었다.

망대

"망대는 북동쪽 정면 중앙의 가장 높은 지점으로, 적군은 여기에 원거리 사격용 대포를 설치하여 아군들을 무척 괴롭혔지만 메이지 37년 8월 19일 아군의 총공격으로 순식간에 격파되었다"는 설명이 붙어 있다. 이 날은 제3군이 제1차 총공격을 한 날이다.

203고지 중턱

'메이지 37년 12월 5일 점령'. 이 날 완전히 203고지를 점령했다. 뤼순 격전에서 일본군은 5만 7000명의 사상자를 냈다. 러일전쟁 전사자의 약 3분의 1에 이르는 수치다.

쑹수산 폭파

러시아군 항복 및 뤼순 점령 전날인 12월 31일에 폭파, 쑹수산(松樹山)을 점령했다. 쑹수산은 구 시가지 북쪽에 있다.

러시아군 장군 스텟셀과 그 막료들

"메이지 38년 1월 5일 스텟셀(Anetoli M. Stoessel) 장군이 노기 장군과 회견하기 위해 막료를 이끌고 수군 병영으로 들어서는 광경". 수군 병영은 뤼순의 북쪽에 있었다.

뤼순 개성(開城)기념 러 · 일 양국 장군 회견

수군 병영으로 쓰이던 농가에서 이루어진 회견 때 촬영되었다. 회견 모습은 훗날 "어제까지 부하를 거느리고 포화 속에서 서로 적대시하던 양국의 장군들은 얼른 보면 10년 지기라도 되는 듯이 열심히 악수를 하고 헤어졌다"고 소학교 교과서에 실렸다.

바이위산(白玉山) 납골 신사

그림엽서에 따라 납골 사당으로 표기한 것도 있다. 바이위산은 구 시가지와 신 시가지 사이에 있다. 정상에는 육군 전사자 약 2만 7000명의 유골이 안치되었다. 그림엽서에서처럼 매년 봄과 가을에 체전이 열렸다. 이 산에는 표충탑도 건립되었다.

지휘관들의 모임

야마가타 아리토모(山縣有朋) 참모총장(왼쪽에서 세 번째)이 러일전쟁 뒤인 1905년(메이지 38년) 7월 26일부터 펑텐(奉天)을 방문했을 때 촬영. 러일전쟁의 지휘관들이 한 곳에 모였다. 오야마 이와오(大山巖) 만주군 총사령관(왼쪽에서 네 번째), 고다마겐타로(兒玉源太郎) 만주군 참모총장(오른쪽에서 두 번째), 노기 마레스케 제3군 사령관(오른쪽에서 세 번째) 등의 얼굴이 보인다.

203고지 산정에 있는 기념탑
격전지 203고지에 세운 기념탑. 노기 대장의 장기이던 한시를 새겨놓았다. 태평양전쟁 전의 안내서에는 "마지막으로 러시아의 충혼비에 참배를 해야만 전적지 순례의 의의가 있다"고 서술되어 있다. 일본 정부는 러시아군 1만 4631명의 영혼을 위로하는 탑을 1908년(메이지 41년) 샤오안쯔산(小案子山)의 동쪽 기슭에 건립했다.

'수에즈운하를 경계로 지구 동쪽 편 최대의 건물' 이라 칭한 미쓰코시(三越) 신관. 건물 내에 일본 최초로 에스컬레이터를 도입, 엘리베이터 구조에 대한 설명과 함께 PR지 『미쓰코시보(三越報)』에서 상세하게 보도했다. 또 런던 트라펄가(Trafalgar) 광장에 있는 사자상과 같은 모양의 조각물이 입구를 장식해 명물이 되었다.

1904년(메이지 37년) 12월
미쓰코시 백화점

메이지유신 이후 쇠퇴일로를 걷고 있던 미쓰이(三井)포목점은 미쓰이은행 본점의 부지배인 히비 오스케(日比翁助)를 중역으로 맞아들인 이후 대대적인 변모를 했다. 미쓰이그룹에서 분리·독립하여 이 해 12월에 고객과 거래처에 "미국에서 실시하고 있는 백화점의 일부를 실현"하겠다는 인사장을 보내고, 새해 1월 2일에는 전국 주요 신문에 같은 취지의 전면광고를 냈다.

히비는 곧바로 구미 시찰에 나섰는데, 그를 가장 사로잡은 것은 런던의 해러즈(Harrods)백화점이었다. 그는 '사회 공중을 위한 상점'을 목표로 품질, 정직한 광고, 고객 만족에 중점을 두고 영업을 해나갔다. 지식인들과 문예인들을 모아 유행연구회를 조직하고 미쓰코시에 대한 의견을 구하여 식당이나 공중정원 개설, 소년음악대 결성, 메신저 보이에 의한 배달 서비스 등 잇달아 새로운 전략을 구사했다.

그리고 정평이 난 신관을 건설. 종래의 회벽 구조의 점포에서 근대적인 빌딩형 점포로 탈바꿈하여(도중 임시 점포에서 영업), 1914년(다이쇼 3년) 9월 시대의 최첨단을 걷는 근대 백화점을 완성했다.

미쓰코시포목점의 전화판매
본격적으로는 1911년(메이지 44년) 3월부터 개시. 전화판매계를 신설하여, 전용 수신전화를 이전의 두 배인 24대로 늘리고 숙련된 교환수도 배치했다. 그림엽서에는 전화교환대와 발송 현장이 찍혀 있다.

소비문화의 전당, 백화점이 발전하다

미쓰코시의 백화점 선언이 계기가 되어 포목점은 크게 변모한다. 진열판매방식이나 정찰판매를 도입하고, 신발을 신은 채로 입장을 할 수 있게 함으로써 당시의 유통, 소매업, 사람들의 물품 구입, 소비에 일대 혁명을 일으켰다고도 할 수 있다.

백화점 혁명은 단순한 물품 매매의 개선에 그치지 않았다. 사람들의 라이프스타일과 레저 스타일에도 영향을 끼쳤다. PR지 발행을 통한 유행의 창조, 음악대의 결성과 식당과 옥상 유원지 개설, 박람회와 미술전 개최 등의 오락거리를 제공함으로써 백화점은 소비문화의 전당이 되었다. 쇼와시대에 들어서자 결혼상담소를 개설하는 백화점(신주쿠의 이세탄(伊勢丹)이나 오사카의 한큐(阪急) 등)까지 생겼다.

이처럼 사회적인 기능을 확장함으로써 건물도 대형화되었고 호화스럽고 장대한 서양 건축미를 자랑하는 백화점도 늘어났다. 쇼와시대와 더불어 교통망이 정비되자 전철 역세권의 터미널 백화점도 출현, 종래의 백화점도 상호에서 '포목점(吳服店)'이라는 글자가 자취를 감추었다.

또한 처음에는 백화점이 잡화진열 판매소, 소매 대상점, 소매 대점포, 백화상점 등으로 번역되었다가 백화점으로 통일된 것은 쇼와시대에 들어서면서부터다.

미쓰코시에서 개최된 철도전람회
미쓰코시를 전람회장으로 하여 철도성이 주관한 행사로, 그림엽서는 1872년(메이지 5년)의 철도 개업식 광경.

다이쇼시대의 시라키야(白木屋)포목점
메이지 말기 증축이나 개축 시에 백화점에서는 엘리베이터를 설치했고, 1917년(다이쇼 6년)에는 매장을 확대,
그림엽서처럼 일본과 서양의 절충 양식에서 순수한 르네상스양식으로 탈바꿈했다.

The D S. Shirokiya of Nihonbashi.　　觀壯の店服吳屋木白橋本日　（京東大）

쇼와시대의 시라키야포목점

1923년(쇼와 3년)에 마무리한 제1기 신관 건설. 다시 3년 뒤 증축공사를 완료(그림엽서의 오른쪽 방향으로 증축). 분리파 건축가인 이시모토 기쿠지가 설계. 1932년(쇼와 7년) 12월 16일 화재로 점원 13명과 도매상 파견원 1명 등 총 14명의 사망자를 냈다. 당시는 드로어즈(drawers; 여성용 속바지)를 입지 않은 전통 복장 차림의 여성이 대부분이었는데, 사망자 중에는 밑에서 치올라오는 바람 때문에 흐트러진 옷자락을 내리려다 밧줄을 놓쳐 떨어져 사망한 여성이 있었다. 이 사건을 계기로 드로어즈를 착용하는 여성이 늘어났다.

店服吳屋松座銀　ンョシーレコデスマX

긴자 마쓰야(松屋)포목점의 크리스마스 장식

간토대지진 후 간다에 있던 마쓰야가 긴자로 이전하여 1925년(다이쇼 14년) 5월 개업. 8층까지 중앙이 텅 빈 홀을 설치한 것은 해외 시찰에서 보고 배운 결과였다고 한다.

신주쿠 이세탄 1층 엘리베이터 앞

1886년(메이지 19년) 창업한 이세탄도 간다에서 이전, 신주쿠에서 1933년(쇼와 8년) 9월에 영업 재개. 사무동 2층에 도쿄도 내에서 세 번째로 개설한 830m²(250평)짜리 아이스스케이트장은 명물이 되었다.

나고야의 마쓰자카야포목점

1925년(다이쇼 13년) 5월 이토포목점이 마쓰자카야(松坂屋)로 이름을 바꾸어 개업. 1927년(쇼와 2년)에 이 그림엽서를 사용한 사람은 "식사는 역시 마쓰자카야 메밀국수가 최고야. 크게 한턱 낼 테니까"라고 썼다. 백화점가 식사 장소로서도 평판이 좋았음을 알 수 있다.

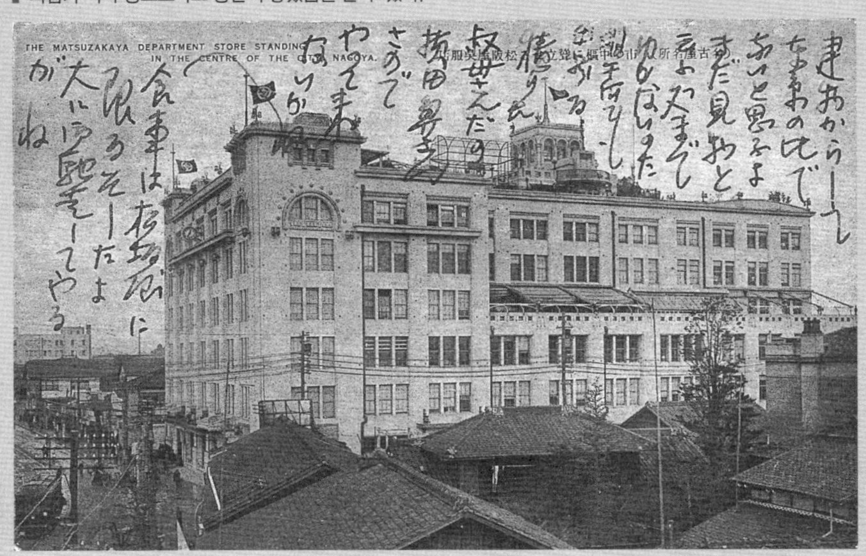

京都大丸　食堂ノ一部

교토 다이마루식당의 일부

다이마루(大丸)는 1912년(메이지 45년) 인도 사라센양식의 3층 건물을 세웠으나 1921년(다이쇼 10년)에 소실. 1928년(쇼와 3년) 11월에 교토에서 가장 높은 6층 건물을 세웠다. 그림엽서는 그 식당.

후쿠이(福井)의 다루마야백화점

교육계에서 활약하던 쓰보가와 신이치(坪川信一)가 1928년(쇼와 3년) 7월에 창업. 상호는 쓰보가와의 모습이 다루마(달마)를 닮은 데서 따온 것. 3년 뒤에는 소녀가극을 창설. 데파트 내 소극장에서 역사가극이나 버라이어 티쇼를 상연하여 인기를 모았다.

가고시마의 야마가타(山形)포목점

야마가타 출신인 겐 에몬(源衛門)이 가고시마(鹿兒島)에 와서 1772년(안에이[安永] 원년) 포목점 야마가타야를 시작한 것이 유래. 그림엽서는 1916년(다이쇼 5년) 10월에 개업한 장중한 건물. 니시혼간지(西本願寺)의 대가람과 함께 가고시마의 명소로 쌍벽을 이루었다. 또 지방도시 백화점으로서는 앞선 시기에 정관에 "백화점을 경영한다" 고 명시했다.

노천탄광은 푸순의 대명사이기도 했다. 그림엽서에는 "세계에 견줄만한 곳이 없는 노천광, 작업 인원 1만 1000여 명, 1일 채탄량 1만 2000톤이라 한다"고 쓰여 있다.

1905년(메이지 38년) 3월
중국 푸순탄광을 점령한 일본군

러일전쟁 최대의 전투에서 평텐을 점령한 일본군은 평텐 동쪽에 있는 푸순탄광을 점령했다. 당시 신문이 "양과 질 모두 장래 제국의 중요한 재원이 될 것"이라 보도한 탄광이다.

푸순탄광은 청나라 말기인 1901년(메이지 34년) 처음으로 조직적인 채굴이 이루어졌는데, 만철이 경영하면서 매장량 9억 톤의 대탄광임이 판명이 되었고 노천광으로 번성한다. 예를 들면 창업 6년 후인 1914년(다이쇼 3년)의 연간 채탄량은 215만 톤으로 창업하던 해의 여섯 배나 될 정도로 급속히 발전했다. 또 그 후 1931년(쇼와 6년) 발행한 『푸순관광안내(撫順觀光案內)』에 따르면 인구가 23만으로 늘었다(그 중 일본인은 3만 800명)고 한다.

그러나 내부에서는 사고가 잇달아 만철이 경영하던 1907년(메이지 40년)부터 25년 사이에 일본인 약 4000명, 중국인 약 11만 명의 사상자를 냈다. 특히 1917년(다이쇼 6년) 1월의 폭발사고에서 일본인 16명, 중국인 901명의 사망자를 기록했다. 당시 일본인은 기술이나 보안 관계 업무가 중심. 파토(把頭)라는 인부 우두머리에게 인부의 모집과 감독을 맡겼다.

당초 1893년(메이지 26년)에 공원계획이 수립되었지만, 좀처럼 설계자를 찾지 못해 임시 개원까지 12년이 걸린 히비야공원. 그림엽서는 시민합창단이 공연중인 음악당.

서양 음악을 보급한 히비야공원 음악당

히비야 연병장 터가 일본 최초의 도시계획 공원으로서 히비야공원이 된 것은 1903년(메이지 36년)의 일. 마찬가지로 일본 최초로 임학(林學)박사가 된 혼다 세이로쿠(本田靜六)의 설계에 의해 탄생하였다.

개원식으로부터 2년 뒤 자그마한 음악당이 완성되었다. 팔각형의 철골 동판 지붕이 붙은 벽이 없는 개방형 건축으로 세련된 분위기를 자아냈는데, 이 시설이 서양 음악 보급에 한몫을 담당했다.

공원에서 열린 서양 음악회는 멀리는 1870년(메이지 3년)에 개원한 요코하마의 야마노테공원에서 개최된 것으로 사쓰마번 군악대가 연주를 했다. 어쨌든 히비야공원의 연주가 일본 최초는 아니지만 영향력은 대단했다.

히비야공원의 연주 기록이 오모리 세타로(大森盛太郎)의 『일본의 양악1(日本の洋樂1)』에 나와 있는데, 도쿄시장 오자키 유키오(尾崎行雄)와 관계자들이 논의한 끝에 일반 음악대는 제외하고 육해군 군악대에 한정하기로 결정했다.

그 첫날을 맞이한 1905년 8월 1일에 육군군악대가, 그 다음날에는 해군군악대가 행진곡과 가극, 왈츠 무곡 등을 연주하고, 그 뒤에도 수시로 개최하여 서양 음악에 대한 시민들의 관심을 고조시켰다고 한다.

도요하라(豊原)에 설치된 가라후토(樺太, 사할린)청. 도요하라는 바닷길의 관문인 오토마리(大泊)에서 철도로 약 한 시간 거리. 삿포로를 연상하게 하는 깔끔한 도시로 사할린의 정치 · 경제 · 문화의 중심지였다.

1905년(메이지 38년) 9월
일본령이 된 남부 사할린

1875년(메이지 8년) 5월 러시아와 일본 사이에 사할린 · 지시마(千島) 교환 조약이 맺어졌다. 그때까지는 러시아와 공유하던 시대가 계속되었고, 그 2년 전에는 개척사 차관 구로다 기요타카(黑田淸隆)가 사할린 포기를 정부에 건의하면서 사할린은 러시아 영토로 확정되었다. 그 후 러시아 사할린을 유형식민지(流刑植民地)로 개발했는데 이렇다 할 성과도 없이 30년이 지났다. 그리고 러일전쟁. 전쟁에서 이긴 일본은 북위 50도 이남의 사할린을 획득하였다.

일본은 도요하라(지금의 유주노사할린스크[Yuzhno-Sakhalinsk])에 가라후토청을 설치하고 개발에 착수했다. 사할린은 목재자원의 보고로 각지에 펄프공장이 들어섰고 오지제지(王子製紙)를 비롯, 여러 개의 회사가 조업을 했다(훗날 합병이 이루어져 오지제지의 독점이 되었다).

그 이전에도 이주는 있었지만 일본령으로 되고 나서 많은 일본인이 건너갔다. 종전 때에는 도요하라만 하더라도 인구가 4만 명에 이르렀다. 도요하라 근교인 아사히가오카(旭ケ丘)는 겨울철 동양 최대의 스키장이 되었다.

종전 뒤 사할린은 당시 소련에 귀속되었다. 일본인이 전후 처음으로 성묘를 할 수 있게 된 것은 1965년(쇼와 40년) 7월이다.

신바시개선문
러일전쟁 후 처음으로 건립되어 조명을 설치한 개선문. 1905년(메이지 38년) 10월에 완성. 도쿄시 참사회가 신바시 역전 광장에 세웠다. 높이는 약 18m. 목조에 옻칠을 입힌 것으로 공사 기간은 10일. 그 후에 만들어진 개선문의 본부기가 되었다고 한다.

1905년(메이지 38년) 10월

도쿄에 개선문이 잇달아 등장하다

러일전쟁이 끝나자 귀국한 육해군 병사를 맞이하기 위해 각지에 잇달아 개선문이 세워진다. 지방 유지들이 건설자금을 모아 다양한 디자인과 장식을 한 개선문을 세웠다.

개선문은 고대 로마시대에서부터 등장하여 서양에서는 그 역사가 길지만 일본의 서양식 개선문은 청일전쟁 승리 후 모습을 드러냈다. 러일전쟁 후에도 수많은 개선문이 등장했고, 그것이 동 시대에 유행한 그림엽서의 모티프가 되었다.

그러나 서양이 기념비적으로 오래 남을 석조인 데 비해 일본에서는 더러 영구보존을 목적으로 세운 것도 있지만 일회성으로 만든 것이 주류였다. 정부 주도로 제작된 것이 없었기 때문일 것이다.

어쨌든 전승 분위기를 부추기기에는 충분했던 것 같다. 마침내 서양 열강들과 어깨를 나란히 하게 되었다는 만족감과 성취감을 실감할 수 있었기 때문이리라. 설계에서 그런 특색을 의욕적으로 드러내려 한 것에서도 그러한 심리를 엿볼 수 있다.

또 개선문의 보급은 이벤트 장식에도 영향을 끼쳤다. 이후 일이 있을 때마다 거리에는 봉축문이며 환영문 등이 등장하게 되었다.

시나가와개선문
시바구(芝區)의 유지가 세운 것. 시나가(品川)와역 군인전용 출구에 있었다. 삼방정면형(三方正面形), 즉 정면이 세 방향이 되도록 설치한 특이한 디자인이었다.

아사쿠사개선문
아사쿠사(淺草)구의 유지가 목조에 옻칠을 입혀 세운 것. 상부에 육군을 상징하는 대포와 해군을 상징하는 닻을 장식으로 배치했다.

교바시개선문

교바시구(京橋區)가 1905년(메이지 38년) 10월의 도고 원수의 개선에 맞추어 세운 것이라 한다. 가스가타이샤(春日大社, 나라[奈良]에 있는 신사―옮긴이) 풍의 커다란 지붕이 특색을 이룬다. 그림엽서에는 꽃전차도 보인다.

신주쿠개선문

요쓰야(四谷)에서는 처음에 간소한 형태로 설치했는데, 나이토신주쿠(新宿, 지금의 신주쿠 1~3번가)의 지역 유지가 좀 더 본격적인 개선문 건립을 계획하여 노면전차 선로 위에 세워졌다. 지붕을 장식한 치미(鴟尾)가 눈길을 끈다.

바바사키봉영문

1906년(메이지 39년) 4월 30일의 육군 개선 관병식을 위해 고쿄의 바바사키(馬場先)문에 건설되었다. 미도리문 (綠門)으로도 불렸다. 왼쪽 위에 보이는 것은 특수 통신일의 날인(기념일자 도장). 중앙에 방패와 창과 금계가 그 려져 있다.

삿포로역 앞 개선문

1918년(다이쇼 7년) 8월에 개최된 개도 50주년 기념 홋카이도박람회를 위해 설치했다. 개선문 풍의 거대한 장 식문이 이벤트 분위기를 고조시키도록 꾸몄다.

넓이 18만㎡(약 5만 4550평)에 이르는 일본 정원. 산정에 솟아 있는 것은 교토 가모초(加茂町)에서 이전해온 구 도메지(燈明寺) 삼중탑. 공습으로 커다란 피해를 입었다가 1958년(쇼와 23년)에 옛 모습대로 복구되었다.

최대 규모의 개인 정원, 산케이엔

기후(岐阜)현 부농 집안에서 태어나 생사 생(生糸)무역을 하던 하라 순자부로(原春三郎)의 양자로 들어간 하라 도미타로(原富太郎)는 생사로 많은 부를 축적한 부호이자 당대 최고의 호사가이기도 했다. 한학을 공부해 아토미여학교의 교단에 선 적도 있는 그는 산케이(三溪)라는 호를 갖고 있었다. 다도를 즐기고 고미술품 수집과 보존에도 힘썼으며, 미술가들을 지원하기도 했다. 그런 활동 중 가장 돋보이는 것이 산케이엔(三溪園)의 조성이다.

하라는 1904년(메이지 37년)부터 요코하마의 혼모쿠산노타니(本牧三之谷)에 유서 깊은 건조물들을 이전해왔다. 그리고 거기에 맞추어 대정원 산케이엔을 조성하기 시작한다. 정원 조성에 필요한 디자인도 자신이 지휘했다고 한다(이전한 건조물은 현재 국가중요문화재로 지정된 것이 10동, 시의 유형문화재가 3동에 이르고 있다).

그는 토지부를 창설할 만큼 땅에 대한 민감한 감각도 있었던 모양이다.

산케이엔은 최초의 건물을 이전하고 나서부터 4년 만에 완성. 그 직후부터 자택(가쿠쇼카쿠(鶴翔閣)이라는 이름으로 현재 유형문화재로 지정되어 있다. 요코야마 다이칸(橫山大觀), 시모무라 간잔(下村觀山)과 같은 유명 화가들을 불러 그곳에 머물게 함으로써 많은 명작을 남겼다)이 있던 내원을 제외하고 시민들에게 공개했다. 개인 정원이었지만 애초부터 일반에 공개하려고 생각했던 것 같다.

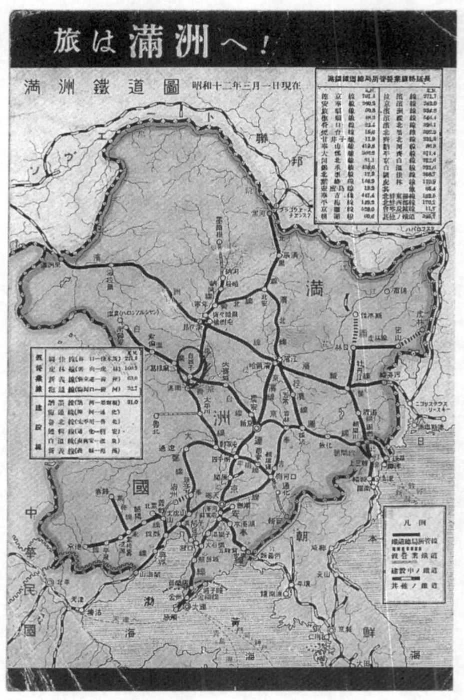

만철이 발행한 그림엽서. 1937년(쇼와 12년) 3월 당시 만주국 내의 노선도. 발족한 이듬해인 1907년도(메이지 40년도)의 승객 수는 약 151만 명. 1933년도(쇼와 8년도)에는 1000만 명을 돌파.

1906년(메이지 39년) 11월

남만주철도주식회사의 창립

남만주철도주식회사, 통칭 만철이 1937년 11월 26일 창립되었다. 러일전쟁 강화조약인 포츠머스조약에 의해 동청철도의 남쪽 절반(장춘[長春] 교외 이남)과 부속 권리를 획득했고, 일본 정부는 이를 토대로 근대 역사상 대서특필할 만한 국책사업을 펼친다.

그렇지만 그 실태는 식민지 국가였다고 할 수 있다. 철도는 물론이거니와 해운, 항만, 건설, 광산, 호텔, 병원, 유치원에서 대학까지의 교육시설과 도서관 등의 운영에 이르기까지 사업 내용상 미치지 않은 곳이 없을 정도였다. 1935년(쇼와 10년)판 『만주와 만철(滿州と滿鐵)』에서는 스스로가 "'만철 왕국'이라 불리는 것은 제반 영리 사업뿐만 아니라 만철 부속지 운영의 행정적 사업까지 담당함으로써 하나의 독립국가적인 양상을 분명하게 드러냈기 때문이다"고 서술했다.

이러한 기초를 쌓은 인물이 초대 총재인 고토 신페이(後藤新平)였다. 고토는 총재 취임 조건으로 사이온지 긴모치(西園寺公望) 수상에게 관동도독부(關東都督府)와의 연계를 중시하고 있음을 밝히고, 고문 지위까지 얻어 만철의 다각 경영을 가능하게 했다. 만철 활동은 패전과 함께 끝이 났지만, 당시 직원 수가 약 14만 명을 헤아렸다고 한다.

만주의 관문인 다롄항
내지(일본)행 정기여객선이 출범하는 성대한 광경. 객선 외에 부두까지 연결된 철도를 이용하여 석탄, 철광석, 농산물 등이 화물선에 실렸다. 부두에는 5000명을 수용할 수 있는 대합실이 있었다.

만주 신천지로서 주목을 받다

만철(남만주철도주식회사)의 창립으로 만주, 즉 중국 동북부는 러시아의 지배에서 실질적으로 일본의 식민지가 되었다. 예를 들면 핵심 도시의 하나인 다루니는 1905년(메이지 38년) 2월 일본군에 의해 다롄으로 개명되었다. 그를 전후로 일찍부터 민간인의 유입이 시작되었다.

만철 10년사에 의하면, 만철이 창립된 직후인 1906년(메이지 39년) 말, 만주에서 군인을 제외한 일본인의 인구는 약 2만 4600명이었는데 10년 뒤인 1916년(다이쇼 5년)에는 4.3배가 늘어난 약 10만 7000명이었다.

내지 사람들에게 만주는 신천지였고 '만주 일기조(一旗組)'라는 말도 생겼다. 일본의 괴뢰정권 만주국이 설립된 후인 1935년(쇼와 10년)판 『만주와 만철』은 북미나 남미로의 이민이 어려워진 상황과 맞물려 "유일하게 만주국만은 일본 이민의 정착을 거의 무제한적으로 환영하고 있는 세계에서 둘도 없는 우방이다"라고 기록했다.

또 이 자료에서는 일본 전 영토의 2배 이상 되는 면적의 만주국은 인구 3096만 명인데, 8할 이상이 한족이지만 일본인도 5%인 155만 명에 이른다고 밝히고 있다.

다롄시청

다롄대광장 옆에 1920년(다이쇼 9년) 준공. 관동주(關東州)의 관리와 만철을 보호했던 관동도독부의 초대 도독인 오시마 요시아키(大島義晶)의 동상이 우뚝 서 있다. 이 광장에는 이밖에도 요코하마쇼킨(橫浜正金)은행, 관동체신국, 다롄 야마토호텔, 조선은행 등 대형 건물들이 즐비하게 늘어서 있어 '다롄의 심장' 이라 불렸다.

다롄 야마토호텔

만철이 직영한 제1호 호텔로 1907년(메이지 40년) 8월에 영업을 개시했다. 객실 13실의 규모로 다루니호텔을 수리하여 이용한 것. 초대 만철 총재인 고토 신페이는 미국과 유럽인들을 위해 주요 도시에 직영 호텔을 건설할 수 있는 터전을 다졌다. 다롄 야마토호텔은 훗날 대광장으로 이전, 그 위용을 자랑했다.

호시가우라공원과 해수욕장

호시가우라(星が浦)는 다롄 교외의 명승지. 만철은 이곳을 유몽 리조트 지역으로 개발했다. 해수욕장 외에 호텔이며 별장, 정원, 테니스 코트 등을 정비했다. 1915년(다이쇼 4년)에는 골프장도 완성했다. 구미인들의 이용을 장려하여 외화획득을 꾀했다.

탕치우(糖球)장수

만주 풍물의 하나. 탕치우(糖球)란 일본에서 말하는 아메다마(飴玉, 한국의 눈깔사탕—옮긴이)를 말한다. 나무봉 끝에 짚을 묶은 다음 사탕이 붙은 꼬치를 잔뜩 꽂아 여기저기 팔러 다녔다고 한다.

수수밭과 콩밭

만주에서 가장 수확고가 높은 것은 콩과 수수였다. 1931년(쇼와 6년)의 콩의 수확고는 523만 톤, 수수는 450만 톤이었다. 그밖에 조 296만 톤, 옥수수 170만 톤, 밀 158만 톤.

가지와 양배추 수확의 기쁨

만주이주협회가 발행한 그림엽서. 수확한 가지와 양배추를 앞에 놓고 일본인 농업 이민이 만면에 웃음을 띠고 있다. 하지만 실제로는 일본과 다른 기후와 토양 때문에 힘들어하는 농민이 적지 않았다. 또 대규모의 농업 경영은 수익을 낼 수 있었지만 자작농은 어려움을 겪었다고 한다.

송웨이청온천의 모래 찜질방

만주에는 송웨이청(熊岳城)온천, 탕강쯔온청, 우롱페이(五龍背)온천의 3대 온천 외에 20여 곳의 온천이 있어 일본인들이 즐겨 찾았다.

탕강쯔온천 다이스이카쿠 객실

일본 정부가 청조 마지막 황제 푸이를 만주국 황제로 추대하던 도중 한때 은닉했다는 료칸(旅館) 다이스이카쿠(大翠閣). 객실은 완벽하게 일본풍으로 재현했다.

펑텐성 샤오시벤문(小西邊門)

펑텐(지금의 선양[瀋陽])은 만주족의 발상지인데 성곽도시로 발달했다. 문 위쪽 장식에 '부도중진(陪都重鎭)' 이라는 글씨가 보이는데, 수도 베이징(北京)에 이어 다른 한 곳을 지배하는 중요한 도시라는 의미에서 부도陪都라 칭했는데 바로 그 이름의 흔적이다.

펑텐정차장

교통의 요지인 펑텐 정차장은 만철 최대 규모의 역사(驛舍)로 1910년(메이지 43년)에 준공. 일본의 권위를 과시하여 만주 지배를 촉진하기 위해 대대적으로 벽돌식의 역사를 세웠다고 한다. 왼쪽에 보이는 것은 시내를 주행하는 마차철도.

펑텐 야마토호텔

맨 처음에는 펑텐 역사 안에서 개업했다가너무 비좁아 펑텐대광장에 신축. 1929년(쇼와 4년)에 72실 규모로 재개업했다. 광장 중앙에 보이는 것은 러일전쟁 전승기념비. 광장은 직경 90m로 대단히 넓었다.

다롄 저우수이쯔비행장

다롄의 북서쪽 교외 저우수이쯔(周水子)는 석회암이 풍부하여 오노다(小野田)시멘트공장이 있었는데, 1930년(쇼와 5년)에 비행장이 개설되면서 항공망의 중요 거점이 되었다.

1907년(메이지 40년) 5월

유명한 저널리스트 미야다케 가이코쓰가 창간한 『그림엽서세계』

오사카를 거점으로 1901년(메이지 34년) 1월부터 풍자적인 내용을 다루는 『고케이(滑稽)신문』을 창간하여 반골적인 저널리스트로 유명했던 마야다케 가이코쓰(宮武外骨)가 그 정기간행물 증간호로 『그림엽서세계(繪葉書世界)』를 창간했다.

잡지라기보다는 그림엽서 화집으로, 유머와 에로티시즘이 넘치는 그림이 인기를 끌었는데 보기에도 좋고 쓰기도 편해 『고케이(滑稽)신문』 이상으로 잘 팔리면서 세간의 인기를 끌었다. 미야다케는 그 두 해 전에는 항간에 넘쳐나는 단순한 미인 그림엽서를 싫어해 독창적인 『고등골계의장그림엽서(高等滑稽意匠繪葉書)』를 발행했다. 그 성공에 고무되어 만든 것이 증간호 『그림엽서세계』였다.

이 책이 나오기까지 그림엽서에 관한 잡지로는 1904년(메이지 37년)에 『엽서문학(ハガキ文學)』, 그 이듬해에는 『엽서신지(はがき新誌)』나 『엽서세계(端書世界)』가 발행되었다. 이른바 그림엽서 양식이 자리잡던 시기에 창간 붐을 이루었다. 그리고 이 『그림엽서세계』는 1909년(메이지 42년) 6월까지 월 1권, 합계 26집이 발행되어 고케이 신문이 간행을 정지했을 때 폐간되었다. 나중에는 다른 곳에서 『그림엽서월보(繪葉書月報)』나 같은 이름의 『그림엽서세계(繪葉書世界)』가 창간되어 그림엽서 붐은 당분간 계속되었다.

도요기선(東洋汽船)이 발행한 팸플렛에 의하면 1등실 275명, 2등실 54명, 3등실 821명 계 1150명이 승선 정원인 덴요마루(天洋丸). 아사노로부터 건조 주문이 들어왔을 때 규모가 너무 커 미쓰비시조선소는 "좀 더 작게 만드는 것이 어떻습니까?" 하는 의견을 내놓았다고 한다.

1908년(메이지 41년) 4월

최초의 호화 여객선, 덴요마루 준공

1896년(메이지 29년)에 도요기선을 창업한 아사노재벌의 창시자인 아사노 소이치로(淺野總一郎)는 샌프란시스코 항로 개척에 뛰어들어 니혼마루(日本丸), 아메리카마루(亞米利加丸), 홍콩마루(香港丸) 등 세 척의 배를 영국에 발주했다.

그러나 이 배들은 모두 6000톤급. 하지만 대형 선박을 투입하기 시작한 경쟁 상대에게 선두자리를 내주게 된다. 그래서 아사노는 열세를 만회하기 위해 일본 선박사상 획기적인 대형 여객선 건조를 나가사키의 미쓰비시조선소에 발주했다. 그것이 1만 3000톤급 거함 덴요마루, 지요마루(地洋丸), 슌요마루(春洋丸) 등 세 자매선이다.

첫 번째 덴요마루는 이 해 4월에 준공되었다. 덴요마루는 다양한 기술과 시설이 망라된 호화 여객선이었다. 당시로서는 신기술이던 증기터빈을 일본 선박으로서는 가장 먼저 탑재하였고, 내부 장식 역시 당시 최첨단의 아르누보양식을 채택했다. 부부 동반으로 음주와 흡연을 즐길 수 있는 라운지도 덴요마루가 처음으로 설치했다.

입구나 통로, 흡연실 등의 바닥을 미국 특허인 모자이크풍 고무 타일로 마감하여 당시로서는 매우 고급스런 분위기를 연출했다. 취항 후 덴요마루에 이어 잇달아 건조된 자매선들도 인기를 모았다.

야마시로마루(山城丸)
1884년(메이지 17년), 영국에서 준공. 당시 일본이 보유한 선박 중 최고 수준의 여객선으로 이듬해 제2회 관약(官約) 하와이 이민(일본 정부와 하와이 정부 사이의 계약에 의해 이루어진 이민—옮긴이) 988명을 운송. 이후 10년 간 야마시로마루만 하더라도 11번 하와이 이민을 운송했다. 그림엽서는 병원선으로 탈바꿈하였을 때의 모습.

여객선의 황금시대가 도래하다

　사람들이 대량으로 바다를 건너 이동했던 근대. 그 역할을 수행한 것이 여객선이었다. 예를 들면 1874년(메이지 7년)의 타이완 출병 때는 3600명의 병사와 군수품을 13척의 배로 실어 날랐고, 1885년(메이지 18년)에는 관약 하와이 이민자를 승선시켰다. 첫 회는 외국 선박이었지만 두 번째 이후는 야마시로마루 등 일본 선적의 배가 10년 간 약 3만 명의 이민을 실어 날랐다.

　이민선은 남미 이민에서도 융성기를 맞이한다. 러일전쟁 후인 1905년(메이지 38년) 도요기선이 남미 정기항로를 개설, 가사도마루(笠戸丸)를 투입하면서 본격화되었다. 일본 최초의 호화 여객선 덴요마루도 800명을 수용할 수 있는 스테어레지(3등 객실)를 갖추어 이민 운송 기능을 담당했다. 일본 여객선의 역사는 이민사의 한 단면이기도 하다.

　쇼와 이후에는 아사마마루(淺間丸), 아르젠티나마루(あるぜんちな丸) 등의 취항으로 호화 여객선 시대의 정점을 맞이했는데, 1937년(쇼와 12년) 정부는 우수 선박 건조 조성책을 마련하여 보조금을 주는 대신 성능이나 구조를 해군의 요구에 맞게 만들어야 했다. 때문에 국내 최대급 호화 여객선으로 건조된 이즈모마루(出雲丸), 가시와라마루(橿原丸)는 항공모함으로 탈바꿈하여, 전쟁터로 내몰렸다.

OSAKA SHOSEN KAISHA S.S. "KASATO MARU."　大阪商船株式會社　汽船笠戸丸

가사토마루

러일전쟁에서 일본 정부가 러시아의 병원선 카잔호를 접수하여, 그것을 도요기선(東洋汽船)에 위탁한 여객선. 1908년(메이지 41년) 4월, 1차로 브라질 이민 791명을 나른 것으로 유명하다. 이 가사토마루가 산토스항에 도착한 6월 18일을 현지 일본 이민사회에서는 '이민의 날' 로 기념하며, 이민의 어려움을 되새기고 있다.

나가사키마루

샹하이(上海)마루와 함께 나가사키 - 상하이 항로에 취항. '일화(日華)연락선' 으로 칭했는데, 일본과 중국의 왕복시간을 단축시켰다. 메이지 초기, 상하이에 거주한 일본인의 3분의 1을 나가사키현 사람들이 차지하여, '나가사키현 상하이시' 라고 부를 정도였다고 한다.

La Nagasaki kajo kai la Nagasaki-maru　長崎港船郵本日と熊港崎長　昭和十六年一月十一日　長崎警察署檢閲濟　(長崎名所)

쓰가루마루의 2등선실

세이칸(靑函)연락선으로 철도성이 1924년(다이쇼 13년)에 만들었다. 침대 위에 꽃 모양으로 접은 담요를 올려 놓았다. 여객선에서는 담요를 다양한 모습으로 치장하여 승객들의 눈을 즐겁게 했다.

謹啓　今般私儀出發に際しては種々御高配に預り且つ御餞別まで賜はり御多忙中にも不拘御見送り被下候段厚く御禮申上候　御蔭を以て總ての檢査も合格致し來る一月廿七日横濱出帆の丸にて渡航仕候間何分乍他事御休心被下度候　伺留守中は共宜敷御願申上候　先は右不取敢御挨拶旁々御禮まで　敬具

昭和十三年一月廿六日

横濱港・尾上町五丁目
大島屋旅館にて

渡辺淑子

다쓰다마루(龍田丸)

도요유센(東洋郵船)이 1930년(쇼와 5년)에 건조한 아사마마루(淺間丸)의 자매선. 그림엽서는 요코하마의 오시마야(大島屋)여관이 승객을 위해 미리 준비한 것으로 보이는 출범 인사장.

아사마마루

'태평양의 여왕'으로 불린 일본을 대표하는 닛폰유센의 여객선. 1929년(쇼와 4년) 10월 샌프란시스코 항로에 취항했다. 태평양 항로에서는 최초로 스미토모은행의 행원 2명이 승선하여, 선내 은행을 개설했다.

아사마마루 라운지

승객 3분의 1을 외국인으로 상정하고 내부를 영국의 고전양식으로 꾸몄다. 그림엽서에서는 라운지는 조지안(Georgian)양식이라는 설명이 붙어 있는데 무도회장이 되기도 했다.

FIRST CLASS SMOKING ROOM, S.S. " KITSURIN MARU "

吉林丸 一等喫煙室

기쓰린마루(吉林丸)의 1등 흡연실
1935년(쇼와 10년) 준공한 오사카상선의 여객선. 다롄 항로에 취항했다.

아르젠티나마루
오사카상선이 자사의 최대 규모의 호화 여객선으로 1939년에 준공한 세계일주선. 총 톤수는 1만 2755톤으로 승선 정원은 901명을 헤아렸다. 당시 유명인이었던 무라노 도고(村野藤吾)에게 실내장식을 의뢰. 이듬해의 출항표를 보면 부에노스아이레스까지 왕로 46일, 귀로는 43일이 걸렸다.

호코쿠마루(報國丸) 특별실 '나라(奈良)'의 침실

1940년(쇼와 15년)에 준공한 오사카상선의 여객선. 아프리카 방면 노선에 취항. 이듬해에는 순양함으로 탈바꿈했다. 그 이듬해 인도양에서 교전중 영국 함대의 포격을 받고 침몰했다.

고안마루(興安丸)

1937년(쇼와 12년) 준공. 부관연락선으로 취항했는데, 1953년(쇼와 28년) 이후 중국이나 소련에서 돌아오는 일본인을 실어 나르는 데 커다란 역할을 했다. 1958년(쇼와 33년)에 요코이 히데키(橫井英樹)의 도요유센(東洋郵船)이 사들여 그림엽서에 나와 있듯이 재단장했다.

삿포로에서 이주해온 다나카 이나미(田中稻美), 가즈미(克積) 남매가 1903년(메이지 36년) 2월에 스와코(諏訪湖)의 빙판 위에서 맨 처음 스케이트를 탔다고 한다. 2년 뒤에 주오센(中央線)이 개통되면서 스케이트 계절에는 가미스와(上諏訪) · 시모스와(下諏訪)의 료칸들이 스케이트 손님으로 붐빌 정도였다고 한다.

근대 스케이트장의 메카, 스와코

이 해 2월 14일 '스와코 일주 10마일 경활(競滑)대회'가 열렸다. 본격적인 스피드 스케이트 경기대회의 효시인데, 처음에는 11일 하루로 일정을 잡았지만 300명이 출전 신청을 하여 11일에는 예선, 14일에 본선을 거행했다.

일본의 스케이트 발상지는 삿포로인데, 삿포로농학교에 부임한 미국인 교사가 처음으로 가져왔다고 한다. 그 후 도호쿠지방으로도 확산되어갔는데 1903년(메이지 36년)에 스와코에 처음으로 스케이트가 전해졌고, 그 이후 스와코가 스케이트장으로 각광을 받았다. 그 이유를 『일본 아이스스케이트사(日本アイススケート史)』는 다음과 같이 분석한다.

먼저 양질의 호수. 유빙(油氷)이라 하여 기름을 부은 것처럼 매끄러운 얼음인 점, 주오선 개통으로 게이힌(京浜, 도쿄와 요코하마를 중심으로 한 그 주변지역), 주쿄(中京, 나고야를 중심으로 한 그 주변지역), 게한신(京阪神, 교토, 오사카, 고베를 중심으로 한 그 주변지역)에서 오는 스케이트 손님이 급증한 점. 그리고 청소년이 배우기 쉬운 게타 스케이트(일본 나막신에 스케이트 날을 붙인 것)가 보급된 것 등을 들고 있다.

스와코에서 열린 경기대회는 1912년(메이지 45년) 제4회 대회 때 여자 2마일 활주 종목도 추가되었지만 결국 제7회로 종료되었다.

가타야마 도쿠마(片山東熊)는 공부대를 졸업하자마자 일본 군벌의 시조라고 칭해지는 야마가타 아리토모(山縣有朋)를 따라 당시 러시아의 수도인 페테르부르크에 가서 황태자 알렉산더 3세의 대관식을 관람한다. 이것이 궁전 건축에 대한 관심으로 이어졌고, 마침내는 궁정건축가가 되었다.

1909년(메이지 42년) 6월

서양 건축의 세련미를 자랑하는 도구고쇼

예전 아카사카(赤坂)에 있던 에도시대 유명한 정원의 하나인 기슈(紀州) 도쿠가와가 서원西苑 저택은 1873년(메이지 6년) 고쿄가 불에 탄 뒤 임시 고쿄로 사용되었는데, 1888년(메이지 21년) 고쿄 궁전이 완성되자 이곳은 아카사카 이궁(離宮)이라 불리면서 황태자 하루노미야(明宮, 훗날의 다이쇼 천황)가 주거하였다.

그 후 10년 정도가 지나 새로운 도구(東宮, 황태자)고쇼 건설에 대한 움직임이 일었고, 기공식 이후 10년에 걸쳐 도구고쇼(東宮御所)가 완성된다.

설계자는 가타야마 도쿠마. 2년 반에 걸쳐 구미를 시찰한 후 호화찬란한 네오바로크 건축으로 마무리했다. 일본인만의 기술로 건립했기 때문에 메이지시대에 일본인이 배운 서양 궁전 건축의 정점이라는 평가를 받았다.

그러나 도구고쇼는 거의 사용되지 않았다. 일설에 의하면 메이지 천황이 "너무 사치스럽다"며 거주하기를 꺼려했기 때문이라고 한다. 고쇼가 그 기능을 수행한 것은 1923년(다이쇼 12년) 8월 이후다. 쇼와 천황이 섭정시대에 입주한 이래 5년 간을 살았다.

아울러 전후에는 법무성이나 국회도서관 등으로 사용되었는데 1974년(쇼와 49년) 수리를 하여 영빈관으로 바뀌었다.

고쿠기칸(國技館)은 간토대지진 때에도 외형은 말짱했던 내부가 소실된다. 그러나 이듬해 여름 스모대회를 재개한다. 그림엽서는 초대 고쿠기칸. 처음에는 지붕에 햇볕을 차단하는 창이 설치되었는데, 2대째 이후로는 없어졌다. 건물 주위의 계단탑의 지붕 디자인만 약간 바뀌었을 뿐이다.

1909년(메이지 42년) 6월

13,000명을 수용하는 거대 돔의 탄생

에도의 료구니 가이코인(回向院) 경내에서 최초의 오즈모(大相撲)대회가 열린 것은 1768년(메이와明和 5년)으로 1833년(덴포 4년)부터는 정식 대회장이 되었는데, 이후 날씨에 구애받지 않은 상설관에 대한 요구가 높았다.

그에 부응한 것인지, 제국의회에서 대회장 건설을 위한 국고 보조가 결정되어 다쓰노 긴고와 가사이 만지(葛西萬司)의 설계로 공사가 시작되었다. 그들은 외관을 이슬람의 모스크(사원)에서 착안하여 내부를 반半타원형의 32개 철골(미국 카네기사 제품)을 조합하여 당시 일본에서는 볼 수 없었던 수용 인원 1만 3000명의 거대 돔을 완성했다.

개회식에는 이타가키 다이스케(板垣退助)

스모협회 위원장 등이 출석. 명칭은 역대 조정이 스모를 소중하게 보호했다는 뜻에서 고쿠기칸으로 정했다. 기념비적인 개관 첫 우승자는 상급 리키시(力士)가 아닌 다카미야마高見山. 스모대회가 없을 때는 국화인형전 등의 행사나 박람회에 이용되었다.

1917년(다이쇼 6년) 11월 행사 개최 중에 2층에 있는 양식당에서 불이나 가이코인 본당과 함께 전소되었다. 그로 인해 스모대회는 야스쿠니신사에서 연중 네 차례를 치렀는데, 빠른 기간 내에 재건이 되었다. 1920년(다이쇼 9년) 1월에 거의 비슷한 형태의 고쿠기칸(國技館)에서 재건 기념대회가 열렸다.

시마네현 유치군(邑智郡)의 생사판매조합 고스이샤(江水社)의 제1견사장. 유치군은 에가와(江川) 연안에 1890년대 (메이지 20년대)부터 뽕밭을 조성했다.

1909년(메이지 42년) 12월

세계 최대의 생사(生絲) 생산고로 부활한 일본

'부국강병'과 '식산흥업'을 목표로 내건 메이지 정부로서는 외화 획득 수단인 생사(生絲)의 생산과 수출 확대가 중요 과제 중 하나였다. 1909년 약 8400톤을 기록하여 마침내 이탈리아와 중국을 제치고 생산고 및 수출액에서 세계 1위를 차지했다. 이는 일본 수출 총액의 3분의 1을 점하는 수치였다.

일본의 개국 당시, 유럽에서는 누에 전염병이 만연하여 때마침 일본의 생사가 주목을 받았다. 처음에는 유럽 수출용이 중심이었지만 견직물 산업이 발달하기 시작한 미국 시장에도 수요가 생기면서 수출량이 비약적으로 늘어났다. 생사 생산자들은 이국적 정서를 느끼게 하는 상표를 다투어 고안해, 브랜드화한 제품으로 팔았다.

정부는 잠업강습소를 설립하거나 누에병 예방법을 공포했다. 생산자도 누에의 품종 개량이나 생사의 고품질화로 제사산업의 육성을 꾀했다.

이러한 화려함의 이면에는 가혹한 생산 현장이 있었다. 빈곤한 농촌에서 돈벌이를 하러 나온 여공들이 저임금과 장시간노동을 감수해야만 했다. 생사생산 세계 1위는 그녀들의 일손 없이는 생각할 수 없는 일이었다.

'한일합방기념'이라 쓰인 그림엽서
왼쪽부터 통감 데라우치 마사타케(寺內正毅, 훗날 일본 수상 역임), 한국 마지막 황제가 된 순종(병합 후에는 이왕으로 불렸다), 꼭두각시 총리대신 이완용.

1910년(메이지 43년) 8월

한국병합

한국의 식민지화를 획책한 이토 히로부미 한국 초대 통감이 1909년(메이지 42년) 10월에 암살되었으나, 이듬해 8월 22일 한국병합에 관한 조약이 체결되었다. 조약 1조에는 "한국 황제가 한국의 통치권을 일본 천황에게 양여한다"는 취지가 명시되는 등 표면적으로는 양국의 합의에 의한 결과라는 점이 강조되었다.

일본에서 보낸 한국 통감은 육군대신의 신분을 그대로 유지한 채 부임한 데라우치 마사타케였다. 그는 10월에 신설된 최고 통치기관인 조선총독부의 초대 총감에 취임했다(일제 지배의 상징이던 총독부 건물은 1996년 해체).

총독부는 병합 후 국호를 조선으로 변경하고 언론·출판의 자유를 금지, 농민에게 과다한 세금과 소작료를 부과한, 이른바 무단통치를 행했다. 한편 한국 병합으로 일본의 영토는 1.5배, 인구는 1.2배로 팽창, 일본 국내에서는 제등행렬과 함께 축하 분위기가 고조되었다.

그런데 조약의 기초자인 외무성 정무국장 구라치 데쓰요시(倉知鐵吉)에 의하면 '한국병합'이라는 용어는 한국이 일본 영토의 일부로 된다는 의미를 포함하며, 너무 과격하지 않은 단어를 찾아 선택한 결과라고 한다.

'일본의 새 영토' 라고 명기된 그림엽서
남대문 주변의 풍경. 동대문과 함께 2대 성문의 하나인 남대문은 조선 문화의 옛 정취가 남아 있었다. 숭례문으로도 불렸다.

조선총독부
조선왕조의 정궁인 경복궁 부지 안에 조선산 대리석을 사용하여 건립했다. 조선왕조 마지막 황제인 순종(훗날의 이왕)이 죽은 1926년(다이쇼 15년)에 완성. 돔 형식의 첨탑까지 높이가 56m로 일제 지배의 상징이기도 했다.

한국의 독립문

청일전쟁 후 청나라에서 독립한 기념으로 구 서대문 밖에 새롭게 건조한 석조 건축물. 원래는 중국의 사절을 맞이하거나 보내는 영은문이 있던 자리였다.

부산의 나가테도리(長手通)

일본인들에게 조선의 관문이 된 항만도시 부산. 그림엽서는 시가지 중심가를 찍어 놓았다. 1936년(쇼와 11년) 부산관광협회가 발행한 『부산안내(釜山案內)』에 따르면, 이 해의 부산 인구는 조선인 14만 3600명, 내지인(일본인) 5만 8000명으로 되어 있다.

그림엽서는 치바현립 아사히농학교의 니노미야 긴지로상(二宮金次郎像). 대동아전쟁에서 금속 공출로 인해 도자기로 만든 상을 세우기도 했다고 한다. 긴지로는 가나가와현 오다와라시(小田原市) 출신.

1910년(메이지 43년) 9월

교정의 상징이 된 니노미야 긴지로 동상

주금(鑄金)계의 대가 오카자키 셋세이(岡崎雪聲)가 장작을 짊어지고 책을 읽으면서 걷는 모습의 니노미야 긴지로상을 제작하여 이 해 9월에 열린 도쿄 조코카이(彫工會)에 출품했다. 이것이 메이지 천황의 눈에 들어 천황의 거실 앞에 놓이게 되었다.

높이 37cm에 불과한 이 작은 상은 5백 개가 제조되었는데, 천황이 죽은 뒤 메이지신궁의 보물전에 놓이게 되면서 상의 존재가 새삼스럽게 세상에 알려지게 되었다.

니노미야 긴지로(57세 무렵에 손토쿠[尊德]로 개명)는 농촌 개혁가로서 활약하다가 1856년(안세이 3년)에 사망한 인물인데, 소년 시절의 긴지로가 주목을 받아 언제부터인가 '부신독서(負薪讀書, 장작을 짊어지고 독서를 함)'의 모습이 정착되었다. 원래는 1891년(메이지 24년)에 발행된 고다 로한幸田露伴의 『니노미야 손토쿠옹(二宮尊德翁)』에 실린 삽화로, 상품광고로 이용된 것을 오카자키 셋세이가 참고했다고 한다.

긴지로가 1904년(메이지 37년) 국정교과서에 수신의 규범으로 제시되고 그의 상이 처음으로 소학교 교정에 등장한 것은 그로부터 20년 뒤인 1924년(다이쇼 13년)이다. 그리고 쇼와시대에 들어서면서 전국적으로 확산되어 간다. 가난한 처지에서도 면학에 열중한 긴지로를 이상화한 것이다.

레르흐는 눈이 많이 내리는 부대로 배속을 희망하여, 그의 뜻대로 니이가타(新潟)현 다카다(高田)로 부임. 민간으로 확산된 것은 나가오카 가이시(長岡外史) 사단장의 결단으로 스키 강좌를 일반에게도 공개하면서부터다. 그림엽서는 스키의 발상지 다카다의 가나야(金谷)산에서 소학생들이 스키 타는 모습.

1911년(메이지 44년) 1월

근대 스키 기술을 전래한 레르흐 소령

오스트리아 - 헝가리 제국군의 테오도르 폰 레르흐(Theodor von Lerch) 소령은 1911년 1월 12일, 니가타현 다카다(지금의 조에쓰시[上越市])의 가나야산에서 다카다의 제13사단을 대상으로 스키 강습을 시작했다. 이 날이 이른바 근대 스키 기술 전래의 효시가 되었다.

예전에 마미야 린조(間宮林藏)가 자신의 책에서 사할린의 짧은 스키인 슈트를 소개하거나, 1904년(메이지 37년) 아오모리현의 자산가가 수입회사 마루젠(丸善)을 통해 스키 두 벌을 수입한 적이 있었지만, 본격적인 보급은 레르흐 소령의 지도 이후부터다.

그러나 레르흐의 스키 강습 목적은 새로운 동계 스포츠를 보급하기 위해서가 아니었다. 그는 저서 『메이지 일본의 추억(明治日本の思い出)』에서 "군사적인 이유 때문이지 동계 스포츠와는 아무런 상관이 없었다"고 언급했다.

최초의 스키 강습이 두 달에 걸쳐 이루어지자, 이 해 12월에는 일본인에 의한 최초의 스키 기술서가 출판되었고, 이듬해 1월, 처음으로 대회가 열리는 등 스키 보급이 빠르게 확산되었다. 그리고 마침내는 서민들 사이에도 관심이 고조되어 대나무를 두 쪽으로 쪼개어 만든 대나무 스키도 등장했다.

데이코쿠(帝國)극장에서는 무료 프로그램을 제작했는데, 그 광고 중에 "오늘은 데이게키(帝劇), 내일은 미쓰코시(三越)"라는 걸작 카피가 탄생했다. 미쓰코시 선전부의 하마다 시로(浜田四郎, 전 잡지기자)의 작품으로, 중류층의 라이프스타일을 반영한 코드로서 그 후로도 오랫동안 항간에 회자되었다.

1911년(메이지 44년) 3월
개관공연으로 대성황을 이룬 데이코쿠극장

이 해 2월 「지지신보(時事新報)」가 "극장의 패왕 같은 위용을 드러내다"라고 보도한 데이코쿠극장이 3월 4일 개관공연을 맞이했다. 같은 신문은 다음날 "3시 30분 개장과 동시에 파도처럼 사람들이 밀려들어 순식간에 4층까지 만원을 이루었다"고 극장이 붐비는 모습을 전했다.

데이코쿠극장은 중역 대표인 시부사와 에이치(澁澤榮一)가 피로연에서 "일부 부호나 외국 귀빈을 초대해 연극을 보여주려 해도 적당한 극장이 없어 안타까웠다"고 언급했듯이 상류계급을 위한 극장으로 계획되었다. 설계는 요코가와 다미스케(橫河民輔)가 맡았는데, 1700명을 수용할 수 있는 화려한 대극장이 탄생했다.

그러나 데이코쿠극장에 대한 관심은 앞의 보도처럼 일반 서민들에게까지 널리 퍼졌는지 첫날부터 만원사례의 상황이 계속되었다. 그 이유로 호화롭고 장대한 극장 건물에 대한 호기심도 있었지만, 근대적인 극장제도를 정착시킨 것도 성공의 한 요인인 것 같다. 전 좌석에 번호를 부착해 지정석 입장권을 판매한 것과 예매제 실시, 봉사료를 없애고 깔끔한 제복을 착용한 안내원 도입 등으로 부담 없이 관극을 즐길 수 있는 환경을 갖춘 것이다. 또 장내에서 음식물 섭취와 흡연을 금지한 것도 획기적인 일로 관객들이 무대에 집중할 수 있도록 했다.

위엄 있는 바로크풍 디자인의 가로등을 배치한 니혼바시(日本橋). 개통식에서는 예복을 입은 사람들 앞에서 내무대신과 도쿄부 지사가 축사를 했는데, 3대가 일가를 이룬 세 부부가 선두에 걸으며 다리 개통식을 마무리했다.

바로크풍으로 리모델링 된 니혼바시

니혼바시는 이름 그대로 에도시대부터 일본의 중심이었다. 이정(里程)의 기준점으로 도카이(東海), 오쿠슈(奧州), 닛코(日光), 나카센(中山), 고슈(甲州)의 주요 5가도의 출발점이었다. 1873년(메이지 6년)에 도쿄는 니혼바시, 교토는 산조오하시(三條大橋) 중앙이 일본의 여러 가도(街道)의 출발 원점 표식으로 공인되었다.

그 니혼바시의 교체 문제가 메이지 중엽부터 도쿄시의 현안이 된다. 수도 도쿄의 상징이라고도 할 수 있으므로 건설 방식이나 디자인에 대한 의견이 분분했다.

그 가운데 도쿄부 청사와 요코하마쇼킨은행 등 대형 건축물을 맡은 바 있는 쓰마키 요리나카(妻木賴黃)를 고문으로 하여 도쿄시청 교량과의 설계로 공사가 진행된다.

소재는 철제보다 비싼 석재가 선정되었다. 이바라키(茨城)현과 야마구치현에서 가져온 화강암이다. 도쿄시가 얼마나 공을 들였는지 엿볼 수 있는 대목이다. 쓰마키도 장식의 설계에 모든 실력을 발휘했고, 다리 명판의 휘호는 막부의 마지막 쇼군(將軍)인 도쿠가와 요시노부(德川慶喜)의 몫이 되었다. 그리고 이 해 4월 3일 개통식을 거행했다.

그 후 간토대지진 때 화재로 일부가 파손되었지만 본체에는 영향이 없이 현재에 이르고 있다. 그러나 전후(戰後) 고속도로 건설로 그 품격 있는 니혼바시의 모습은 사라졌다.

오사카의 이마후쿠(今福)소방서(지금의 조토구[城東區])의 그림엽서. 일반적으로 각 소방서는 소방펌프 자동차와 수관 자동차 각 한 대로 편성되어 있었다. 당시는 자동차가 엄청나게 비쌌기 때문에 아주 소중하게 관리했다고 한다.

1911년(메이지 44년) 6월

벤츠사의 소방차를 도입한 오사카부

이 해 6월 오사카부가 최초로 독일 벤츠사에서 소방펌프 자동차 한 대를 수입하면서 자동차화 시대의 막을 열었다. 이에 발맞춰 도쿄에서도 구입이 검토되었는데, 고층건물이 증가하는 경향에 맞춰 사다리차를 먼저 도입해야 한다는 의견 때문에 뒤로 미루어졌다. 그러나 그 사다리차조차도 예산이 맞지 않아 단념했다.

그리고 나서 3년 뒤에 도쿄 우에노에서 개최된 다이쇼박람회에서 두 종류의 외제 소방펌프 자동차가 출품되어 요코하마시와 나고야시에 도입되었다. 마침내 소방 자동차 시대가 도래한 것이다. 도쿄에서도 1917년(다이쇼 6년)에 겨우 한 대를 구입한 뒤, 3년 뒤에는 펌프 자동차와 수관 자동차 각 25대를 구입했고, 종래의 마차식 증기펌프를 전부 폐기했다.

소방 자동차의 도입은 현장 도착시간을 대폭으로 줄여 소화활동 인원배치의 효율성을 높였다. 시민에게 준 신뢰감은 절대적이었다고 한다. 또 말을 이용했을 때는 마굿간과 예비마, 마부, 사료 등 경비가 많이 들어, 긴 안목으로 보면 자동차가 경제적으로도 유리했다. 소방 자동차는 쇼와 초기 지방 중소도시에까지 보급되었다.

잉카제국의 폐허에서
남미 페루의 잉카제국 루린(Lurin)의 궁전 폐허에서 인간의 두개골을 들고 서 있는 스가노 리키오(菅野力夫). 그림엽서에는 "이 참담한 피의 역사를 보고 눈물 흘리지 않을 자 뉘 있겠는가? 나라는 망해도 산천은 의구한 법. 오호라 잉카제국의 말로여"라고 쓰여 있다.

1911년(메이지 44년) 9월

탐험가 스가노 리키오, 세계여행을 떠나다

근대에 들어 미지의 세계에 도전한 탐험가는 적지 않다. 시베리아를 목표로 한 사람이 있었는가 하면 티벳을 목표로 한 사람도 있었다. 남양의 여러 섬들로 간 사람도 있었고, 북극이나 남극으로 향한 사람도 있었다.

개중에는 세계를 일주하려는 사람도 있었다. 아이치현 도요하시시(豊橋市)의 '칼을 가는 장인' 집안의 아들로 태어난 나카무라 나오키치(中村直吉)는 1901년(메이지 34년)부터 6년 간 60개국 24만km를 답파(踏破)했다. 귀국 후 강연회에는 훗날 남극으로 떠났던 시로세 노부(白瀬矗)의 모습도 있었다.

나카무라가 출발한 10년 뒤에는 후쿠시마(福島)현 출신의 스가노 리키오가 세계일주를 떠났다. 근대 탐험가 중에서 스가노는 이색적인 존재다. 아마 그만큼 그림엽서를 남긴 사람이 없기 때문일 것이다.

그렇다고 저작이 남아 있는 것도 아니다. 나카무라의 활동은 당시의 작가 오시카와 슌로(押川春浪)가 집필한 것이 남아 있긴 하지만, 스가노의 족적은 그림엽서로밖에는 추적할 수가 없다.

거꾸로 말하면 그림엽서를 미디어로 이용한 유일한 탐험가라고 할 수 있을지도 모르겠다. 아무튼 그는 이 해 9월에 최초로 세계여행 장도에 올랐다. 그리고 세 차례의 원정으로 세계를 일주했다.

브라질 커피농장에서

상파울루에 거주하는 일본인 이민들과 함께 사진을 찍은 스가노. 그림엽서 세트 안에 있는 해설에는 "브라질은 기후, 풍토, 토질이 모두 뛰어난 남미 최대의 농업국가로 일본인들을 무척 환영하여 가족 농민들에게는 더없이 좋은 곳입니다" 라고 설명해놓았다.

영국령 남아프리카 더반에서

세 번째 세계여행에서 일본제 인력거를 끄는 현지인과 사진을 찍은 스가노. 위쪽은 승선했던 가마쿠라마루(鎌倉丸)에서 바라다본 케이프타운. 스가노와 관련된 사진 1만 2800매 중 한 장이라고 한다.

아르헨티나에서 이토 박사와 함께

아르헨티나의 수도 부에노스아이레스에 있는 국회의사당과 이토 세이조(伊藤淸藏) 박사를 방문한 스가노. 이토는 농학자로 1909년(메이지 42년)에 아르헨티나로 건너가 8000ha의 후지농장을 개설했다. 아르헨티나 이민의 선구자다.

젊은 시절의 스가노 리키

그림엽서의 설명에 의하면 여행 도중에 메이지 천황의 사망 소식을 접하고 난 뒤부터 머리를 길렀는데, 1931년(쇼와 7년) 진무(神武)천황제 때 이발을 했다고 한다.

161

세계일주를 떠나려는 우사가와 마사테루(宇佐川政輝)
스가노보다 4년 늦은 1915년(다이쇼 4년)에 자전거로 세계일주. 앞면에
"만 리를 답파하여 열망하던 세계를 모두 둘러볼 생각"이라고 써놓았다.
오사카니치니치(大阪日日)신문과 도쿄제국대학 유지들이 보낸 격려의 글
이 보인다.

도쿄 본부와 본부 직속의 고베안내소. 일본 국내에서는 시모노세키, 요코하마, 나가사키 순으로 지점을 개설해나갔다. 수수료 수입도 다이쇼시대부터 해마다 커다란 신장세를 보였다.

관광객 유치를 위해 설치한 JBT

뉴욕의 일본협회 회장 린제이 러셀이 1910년(메이지 43년) 일본에 왔을 때, 그는 이렇게 말했다. "자원이 빈곤한 일본의 경제를 번영시키기 위해서는 일본 천혜의 자연 경관을 해외에 선전, 외국인 관광객을 유치하여 외화를 벌어 들여야 한다."

그리고 외국인 관광객 유치를 위한 기관의 설치를 촉구했다. 기힌카이(喜賓會)라는 조직이 있긴 했지만 외국인 관광객을 유치하려는 활동은 없었다. 철도원의 영업과장 기노시타 도시오(木下淑夫)는 이전부터 외국인 관광객 유치의 필요성을 느끼고 있었다. 그러던 차에 러셀의 제언이 있었다. 기관 창설의 움직임은 급물살을 탔고, 철도회사며 호텔, 백화점 등의 협력을 얻어 마침내

JTB(Japan Tourist Bureau)가 탄생했다.

안내소는 일본은 물론 조선, 만주, 타이완 외에 해외 다른 지역에도 촉탁 안내소 형태로 널리 개설했다. 다이쇼시대의 외국인 관광객은 대략 2~3만 명 정도로 추산된다.

1912년(다이쇼 10년) 10월 철도 50주년 축전에는 "외국인 관광객 유치에 성공"한 공로를 인정받아 철도성으로부터 표창을 받았다.

또 1925년(다이쇼 14년)부터는 일본인 관광객을 위한 서비스도 개시, 여행 산업의 핵심적인 역할을 담당하게 되었다.

하늘 위를 달리는 요베(余部)철교. 바람이 강한 지역이어서 공사에 난항을 거듭했다. 1986년(쇼와 61년) 회송중이던 열차가 돌풍으로 굴러떨어져 10명 이상의 사상자를 내면서 호외로 보도될 정도였다.

하늘 위를 달리는 요베철교

효고현 북부 해안선은 리아스식 해안으로 산인(山陰)본선 건설에 커다란 걸림돌이 되었다. 무엇보다 난코스는 요베지구. 계곡 부분이 길고 산이 연이어 있어 높고 긴 다리가 필요했다.

처음에는 유지·관리가 쉬운 철근 콘크리트교도 검토되었지만 실적이 없어 단념. 철도원의 설계기사 후루카와 세이치(古川晴一)는 미국을 방문하여 현지의 기사와 상담한 끝에 철교로 건설하기로 결정했다. 길이는 약 300m, 지표에서 상판까지의 높이는 무려 41m. 당시까지 시공해본 적이 없는 높이의 철교를 설치해야 했기 때문에 엄청난 대공사였다. 착공은 1909년(메이지 42년) 12월. 교각은 미국에서 제작되어 요베항까지 배로 운반했다. 2년여의 공사기간과 사망자 2명, 부상자 83명이라는 희생을 치르고 완성되었다.

이런 과정을 거쳐 마지막으로 남아 있던 가스미(香住) - 요로이(鎧) - 구타니(久谷) - 하마사카(浜坂) 구간(당시의 역명 요베철교는 요로이 - 구타니 구간에 있었음)의 영업이 개시되어 산인본선이 전면 개통되었다. 또 그때까지 육지 속의 외로운 섬과도 같았던 요베 주민들에게 철교 건설은 더할 나위 없이 좋은 소식이었고, 주민들은 역을 건설할 때 해안이나 냇가에서 돌을 날라 오는 등 적극적으로 공사를 도왔다고 한다.

파리의 개선문에 에펠탑을 올려놓은 것 같은 형태의 쓰텐카쿠(通天閣). 높이는 75m. 중간의 루프 가든(개선문과 비슷한 건물의 옥상)과 루나파크 안의 백탑을 연결해 케이블카도 운행했다. 밤에는 화려한 전등 장식이 볼거리였다.

1912년(메이지 45년) 7월

일본에서 가장 높은 탑 쓰텐카쿠

1903년(메이지 36년)에 개최된 제5회 내국권업박람회의 회장 터 13만 2000m²(약 4만 평. 도쿄돔의 네 배)가 재개발되어 일본에서 가장 높은 탑인 쓰텐카쿠를 심벌로 한 거대한 오락의 전당, 신세계(新世界)가 탄생했다.

신세계란 당시 뉴욕 코니아일랜드에 있던 유원지를 본떠 루나파크라는 이름을 붙인 유원지(거대한 둥근 테가 오르락내리락하면서 회전하는 지금의 바이킹과 같은 놀이기구, 대형 활동사진관, 이집트 미인이 요염하게 춤을 추는 이집트관 등이 있었다)며, 파리를 모방한 듯한 방사상으로 펼쳐진 서양식 건물의 상점가, 거기에 쓰텐카쿠로 구성된 것이다. 마치 메이지시대에 성황을 이룬 박람회를 영원히 기리려는 듯한 인상을 갖게 만든다.

오사카시에서 토지를 빌려 재계인들이 힘을 모아 이 신세계를 조성했고, 그들의 목적이 제대로 맞아떨어졌는가 싶었다. 그러나 얼마 안 있어 메이지 천황이 사망. 시민들이 상복을 입은데다 불황까지 겹쳤다. 신세계는 다시 라듐온천 등의 건설에 자본을 투하하고 거기에 맞추어 값싼 음식점들이 진출하였으며, 게다가 1914~15년(다이쇼 3, 4년) 무렵부터 '다이쇼 게이샤'라 불리는 게이샤들이 신세계 주변에 모여들면서 전성기를 맞이했다.

사망 소식을 알리는 호외와 고신에이
고신에이와 호외의 지면이 조합된 그림엽서. "심장마비로 붕어하시다"라고 보도했는데 당뇨병의 악화로 여러
차례 요독증(尿毒症)에 걸렸다고 한다.

1912년(메이지 45년) 7월

메이지 천황 사망하다

이 해 7월 초순부터 몸 상태가 악화된 천황 무쓰히토(睦仁)는 30일 오전 0시 43분 사망
했다. 정확하게 말하면 전날 오후 10시 43분에 사망했는데 의식 등의 사정 때문에 2시간
늦게 발표되었다. 향년 59세였다.

1852년(가에이 5년) 11월 3일 고메이 천황과 조정 고위직인 다이나곤(大納言) 나카야
마 다다야스(中山忠能)의 딸 나카야마 요시코(中山慶子) 사이에 차남으로 태어난 무쓰히
토는 1867년(게이오 3년)에 황위 계승식을 치르고 열 여섯 살에 즉위했다.

그 이후 메이지 신정부가 내세운 천황 친정 아래 군인칙유며 교육칙어 등으로 일본 근
대화를 추진했다. 1872년(메이지 5년) 1월에는 쇠고기를 시식. 그때까지 일반인에게는
육식이 금지되어 있었는데 천황이 고기를 먹음으로써 정부는 근대화 과정의 하나인 육
식 해금을 촉진했다. 천황은 오쿠보 도시미치(太久保利通)에게 "외국인과 교제하는 데
필요해 먹었다"고 했다고 한다.

천황은 소박한 것을 좋아했고 항상 국민과 전장의 병사들을 걱정했다고 한다. 정부로
서는 신격화를 추구했지만 와카(일본 전통 시—옮긴이) 읊기를 즐겨한 것이 신문 등을 통
해 국민들에게 알려졌는데 국민들 또한 천황을 두려워하면서도 존경했다.

先帝崩御 明治四十五年七月三十日）二重橋々畔ノ赤子

니주바시 앞의 적자(赤子)

'적자'란 군주에 대해 백성을 자식으로 비유하여 부르는 말. 1912년 7월 20일 여러 신문에서 천황의 중병을 보도하면서부터 니주바시(二重橋)에는 쾌유를 빌러온 사람들의 발걸음이 끊이지 않았다. 데이코쿠극장, 신토미(新富), 가부키, 메이지, 이치무라(市村)의 다섯 개 극장은 휴장. 이 날 료코쿠의 연중행사인 불꽃놀이도 연기되는 등 거리는 적막감이 흘렀다.

만년의 메이지 천황

사진찍기를 싫어했던 천황은 고신에이(천황의 초상화)나 이 만년의 사진 외에 남아 있는 것이 많지 않다. 영국의 『TIMES』는 "세계는 가장 위대한 인물 한 사람을 잃었다"고 보도했다.

167

후시미모모야마(伏見桃山)능

본 장례식에 해당되는 염장(시체를 염습하여 매장하는 것)은 9월 13일, 도쿄 아오야마(靑山)장례식장(지금의 메이지진구 가이엔)에서 거행되었다. 그리고 관은 운구열차로 교토 후시미모모야마(伏見桃山)까지 운반되어 염장을 치렀다.

메이지 황태후

메이지 천황비인 요시코(美子). 1850년(가에이 3년) 좌대신 이치조 다다카(一條忠香)의 3녀로 탄생. 1914년(다이쇼 3년) 4월에 병사. 황후 역시 후시미모모야마에 매장되었다. 황후는 1886년(메이지 19년) 처음으로 양장 차림으로 사람들 앞에 나타났는데, 천황이 행사에 결석할 때는 자주 황후가 대행을 했다. 1884년(메이지 27년) 천황·황후 결혼 25주년 축전이 개최되었다. 이른바 일본 최초의 은혼식이라고 할 수 있다.

노기 대장

칭찬과 비판이 극심했다. 유서에서는 세이난전쟁 때 군기를 빼앗긴 데 대해 사죄했다. 일반적으로는 메이지 천황이 노기(乃木)에 대해 애정이 있었다고 생각하지만 『메이지 천황(明治天皇)』을 쓴 도널드 킨(Donald Keene)은 러일전쟁 때 많은 희생자를 내서 "천황은 노기를 싫어한 것 같다"고 한다.

1912년(다이쇼 원년) 9월

메이지 천황 사망에 노기 대장 부부, 충격으로 자결하다

메이지 천황의 장례식이 거행된 9월 3일, 노기 마레스케(乃木希典) 대장과 처 시즈코(静子)가 자결을 했다. 노기는 고신에이 앞에 정좌하고 할복을 한 후, 무릎 사이에 군도를 끼고 목을 찔러 절명했다. 시즈코도 가슴에 단도를 찔러넣었다.

노기는 예전 세이난전쟁 때 적에게 군기를 빼앗기는 실수를 범했다. 또 러일전쟁 때는 수많은 희생자를 냈다. 가쿠슈인(學習院)원장 재직 당시에도 시대에 뒤떨어진 정신주의만 강조했다는 비판을 받았다. 러일전쟁에서는 두 명의 자식을 잃었다. 그에게는 '노병은 사라질 뿐'이라는 의식이 있었다고 한다. 또 야마가타 아리토모 등 주류파에 대한 실망도 컸다고 한다.

하지만 노기는 러일전쟁 후에는 국민들로부터 영웅 대접을 받았다. 그런 만큼 예전의 무사를 떠올리게 하는 노기의 할복은 사회에 충격을 가져다주었고, 여러 방면에 걸쳐 논의가 분분했다.

모리 오가이(森鷗外)는 노기의 무사도를 칭송해 「고즈야고우에몬의 유서(興津彌五右衛門の遺書)」(에도시대 호소카와(細川)가문의 가신으로 주군에게 극진한 충성을 바친 인물을 그린 작품—옮긴이)라는 작품을 남겼으나, 젊은 세대 작가들에게는 노기의 상념이 통하지 않았던 모양이다. 당시 29세였던 시가 나오야(志賀直哉, 잡지 『시라카바, 白樺』를 창간하였으며, 사실주의적 경향의 작품을 남김. 1950년 일본 문화훈장을 받음—옮긴이)는 일기에 "바보같은 놈"이라고 쓴 것으로 유명세를 탔다.

노기 대장의 처 시즈코
노기는 조슈(長州) 출신이면서 사쓰마(薩摩) 무사의 딸 시즈코를 아내로 맞이했다. 유신 전후부터 골이 패이기 시작한 사쓰마와 조슈 사이를 화해시키려 했기 때문이라고 한다.

순사한 방
핏자국이 선명한 노기 저택의 2층 방안. 처형(妻兄) 등 네 사람이 와인을 마시며 저녁식사를 마친 뒤, 노기 부부는 2층으로 올라가 자결했다.

二　送葬之徒生院習學　況實送葬將大木乃故

노기 대장의 장례식

수많은 사람들이 노기 부부의 장례식을 지켜보았다. 그림엽서는 가쿠슈인 학생들의 장례 행렬. 노기는 천황의 임명으로 가쿠슈인원장을 역임했다. 1908년(메이지 41년)부터 전학생 기숙사 제도를 시행했다.

노기의 아들들

두 아들 모두 러일전쟁에서 전사. 위쪽은 장남 가쓰스케(勝典, 26세), 아래는 차남 야스스케(保典, 24세).

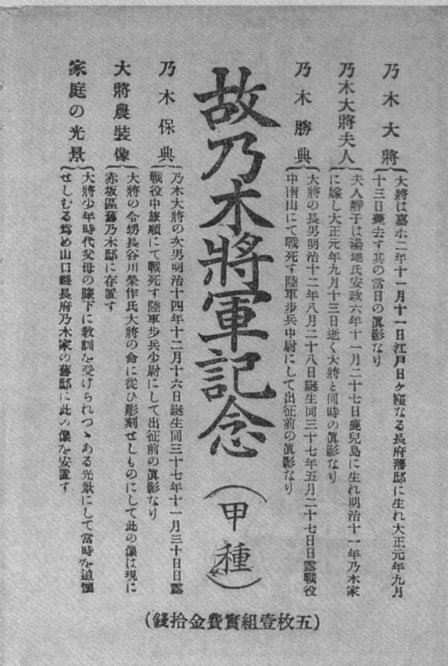

故乃木將軍記念（甲種）

乃木大將【大將は嘉永二年十一月十一日江戸日ヶ窪なる長府藩邸に生れ大正元年九月十三日薨去す其の當日の眞影なり】

乃木大將夫人【夫人靜子は湯地氏安政六年十一月二十七日鹿兒島に生れ明治十一年乃木家に嫁し大正元年九月十三日逝く大將と同時の眞影なり】

乃木勝典【大將の長男明治十二年八月二十八日誕生同三十七年五月二十七日日露戦役中南山にて戦死す陸軍歩兵中尉にして出征前の眞影なり】

乃木保典【乃木大將の次男明治十四年十二月十六日誕生同三十七年十一月三十日日露戦役中旅順にて戦死す陸軍歩兵少尉にして出征前の眞影なり】

大將農裝像【大將の令甥長谷川榮作氏大將の命に從ひ彫刻せしものにして此の像は現に赤坂區舊乃木邸に存置す】

家庭の光景【大將少年時代父母の膝下に教訓を受けられつゝある光景にして當時を追懷せしむる爲め山口縣長府乃木家の舊邸に此の像を安置す】

（五枚壹組實費金拾錢）

노기 장군 기념 그림엽서 세트

5장 1세트에 10전. 필자에게 갑, 을, 병, 정, 무의 5종이 있다. 각각 내용이 다른 것이다. 당시 사람들 사이에 얼마나 관심이 높았는지 짐작할 수 있다.

노기 대장과 애마

러일전쟁에서 뤼순을 함락시킨 뒤 노기는 러시아군 스텟셀 장군으로부터 말을 선사받아 말 이름을 고토부키(壽)라고 지었다. 스텟셀은 나중에 러시아 정부에 의해 감금을 당했는데, 노기는 유럽의 각 신문에 "스텟셀은 조국이 죄를 물을 정도의 실패는 하지 않았다"는 의견을 피력했다.

사쿠라지마(櫻島)는 1779년(안에이 8년)에도 분화했는데, 135년 만의 분화는 이전보다 규모가 큰 것으로 연기가 고도 8000m에 달했다고 한다.

1914년(다이쇼 3년) 1월

사쿠라지마의 대분화

1월 12일 오전 10시가 지나, 가고시마현 사쿠라지마가 대분화를 일으켜 신문은 "천지가 무너질 듯이 거대한 폭발음과 함께 대폭발이 일어나 연기가 치솟아 하늘로 퍼졌고, (중략) 가끔씩 대포를 발사할 때와 같은 굉음을 내면서 격렬하게 지축을 흔들어댔는데, (중략) 암석산 밑으로 떨어지는 모양이 마치 불꽃놀이와도 같아 처참하면서도 웅장한 광경은 이루 형용할 수 없더라"라고 보도했다(『오사카 마이니치신문』).

분화 후 2주일 동안 35명의 사상자와 18명의 행방불명자를 냈고, 시쿠라지마의 서쪽에서 폭 약 2km에 걸쳐서 용암이 흘러나왔고, 수증기를 뿜으면서 수심 약 70m의 해협을 메우며 360m 앞에 있는 오스미(大隅)반도에 도달, 마침내는 사쿠라지마가 오스미 반도와 연결되었다.

분화 전의 사쿠라지마에는 3000세대 이상, 인구 약 2만 1000명이 농사와 어업에 종사하면서 살고 있었다. 이틀 전부터 지진과 땅울림과 같은 전조가 있어 대부분의 주민들이 피난했음에도 불구하고 앞서 언급한 바와 같은 사망자와 행방불명자가 나왔다. 또 가고시마시도 엄청난 화산재로 인해 낮에도 등불을 켜지 않으면 생활을 할 수 없을 정도였다고 한다.

우에노공원 산꼭대기의 제1전시장과 시노바즈이케(不忍池) 연못가에 위치한 제2전시장을 연결하는 에스컬레이터. '자동계단'으로 불렸다. 시노바즈이케에는 로프웨이(ropeway; 우리나라의 케이블카에 해당)도 운행되어 구경거리 중의 하나가 되었다.

1914년(다이쇼 3년) 3월
박람회장에 등장한 일본 최초의 에스컬레이터

일본에서는 1877년(메이지 10년) 제1회 권업박람회가 개최된 이후 박람회가 여러 차례 열려 식산흥업의 역할을 수행해왔는데, 민중들의 입장에서 보면 박람회는 일종의 오락과도 같았다. 다양한 신기술을 구경할 수 있었기 때문이다.

그 중에서도 1903년(메이지 36년) 오사카 텐노지공원에서 열린 제5회 권업박람회는 오락시설도 잘 갖추어져 인기를 모으면서 앞서 열린 박람회 입장객의 네 배인 435만 명을 기록했다. 그리고 이 해 3월부터 7월에 도쿄 우에노공원에서 열린 도쿄 다이쇼박람회는 약 746만 명이 전시장을 찾았다. 일본 최초의 에스컬레이터가 등장한 것을 비롯해 에디슨의 활동사진기, 가정용 가스 목욕통,

국산 소형 자동차 등 대중의 흥미를 끌만한 것들이 공업관, 기계관, 미술관, 외국관 등 취향에 따라 16동의 전시실에 전시되었다.

또 미인도(美人島) 여행관 등 구경거리 위주의 시설도 박람회장을 찾게 한 요인이었다. 지금의 나레이터 모델 격인 700여 명의 여간수(女看守)가 눈길을 사로잡았다. 앞서 열린 박람회에 비해 저속하다는 비판도 있었지만, 새로운 형식의 박람회를 제시했다는 평가를 받았다.

도쿄권업박람회
1907년(메이지 40년) 우에노공원에서 개최. 680만 명 동원한 것은 당시까지 최고 기록. 내용과 규모는 정부가 주최한 박람회와 비슷했다. 그림엽서는 음악당과 미쓰비시관.

기술의 진보를 즐겁게 보여준 박람회

정문 위에 걸린 대형 시계가 입장객들을 놀라게 했다는 제1회 내국권업박람회. 도쿄 우에노 9만 9000m²(약 3만 평)의 회장에 광업·야금술, 기계, 제조물, 농업, 원예, 미술로 분류된 전시관이 줄을 이어 102일 동안 45만 명이 넘는 입장객수를 기록했다.

그 앞 해인 1876년(메이지 9년) 2월 내무경 오쿠보 도시미치가 산조 사네토미(三實美)에게 박람회 개최 건의서를 보냄으로써 박람회가 열렸다. 목적은 식산흥업에 있었다. 오쿠보는 전국에서 기술과 제품을 모아놓고 품질에 대한 평가를 함으로써 식산흥업을 할 수 있다고 생각한 것이다.

그런데 정확하게 말하면 박람회는 그 이전에도 개회된 적이 있다. 1871년(메이지 4년) 교토박람회를 필두로 전국 각지에서 개최되었는데, 지방의 자본가가 교토의 재부흥을 목표로 몇 차례인가 개최한 것을 제외하고는 에도시대부터 이어온 신사와 사찰의 특별전시나 물산회에 가까웠고 단순한 구경거리를 위주로 한 것이 많았다고 한다. 그런 의미에서 오쿠보가 건의한 권업박람회 개최는 기존의 박람회와는 확실히 다른 것이었다. 이후 박람회는 오락성을 가미하면서 대중에게 진보된 기술을 보여주었다.

Singer Exhibit at Taisho Exposition, Ueno Park, Tokyo (1914).　東京上野大正博覧會シンガー會社出品

도쿄 다이쇼박람회 출품된 싱어회사의 재봉틀

1914년(다이쇼 3년)에 개최. 1851년(가에이 4년)에 설립된 미국 회사 '싱어(Singer)'가 출품한 재봉틀로, 당시만 하더라도 일본에서 재봉틀은 진귀한 물건이었다.

大正博覧會第一場　櫻井勝子　美人島旅行館發行

도쿄 다이쇼박람회 미인도 여행관

1914년(다이쇼 3년)에 개최된 이 박람회에서 인기를 끈 것이 미인도 여행관. 미녀들이 여러 이벤트에서 활약했다고 한다. 그림엽서에는 그녀들의 실제 이름도 기록되어 있다.

평화기념 도쿄박람회의 전기의자

앞면 선전문구에 의하면 "소형 전기자동차". 도쿄시 간다(神田)구의 오야마공무소(小山工務所)가 출품한 것으로 속력은 18마일(약 29km)까지 낼 수 있었다고 한다. 최대 두 사람이 탈 수 있고 인력거 대용, 수레 대용, 놀이용, 병원용, 정차장 내 운반용 등으로 사용하는 데 적당했던 것 같다.

하늘과 바다의 박람회

러일전쟁 25주년을 기념하여 1930년(쇼와 5년)에 우에노공원 시노바즈이케 주변과 요코스카(전함 미카사)에서 개최되었다. 그림엽서는 제1전시장(우에노공원)에 설치된 군함의 모형. 군함과 비행기가 주역으로, 제1전시장에서는 해군관, 항공관, 무선교통관 등이 있었고 73일 동안 81만 5000명이 입장했다.

민중납량박람회

1911년(메이지 44년) 도쿄 우에노에서 개최된 제1회 납량(納涼)박람회. 제2회는 3년 뒤에 오사카에서 열렸는데 그림엽서에 나와 있는 것(민중통신사 주최)이 그것과 같은 흐름 속에서 개최된 것인지는 불분명. 개최된 해는 불분명하지만 박람회 테마가 다양해졌음을 알 수 있다.

평화기념 도쿄박람회

1922년(다이쇼 11년) 우에노공원 시노바즈이케(不忍池) 주변에서 개최. 그림엽서는 두 장이 한 세트로 시노바즈의 전시장 풍경을 담았다. 조선과 타이완, 사할린, 남양청에서 출품한 것도 있었고, 최초로 입장객 1000만 명을 돌파했다. 1일 평균 76만 6000명이 입장했다.

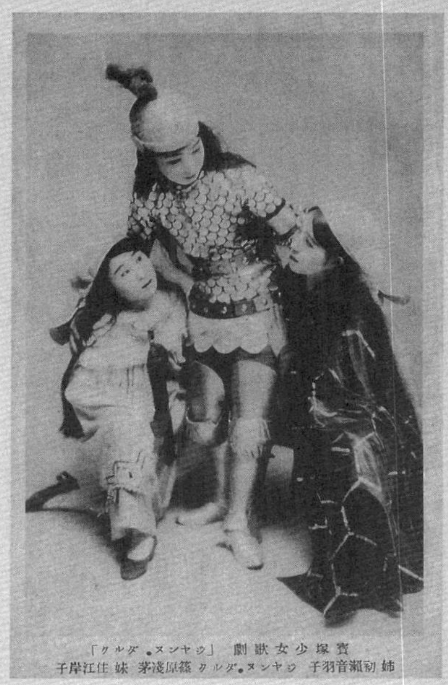

세계적으로도 극히 드문 여성만의 극단으로 인기가 급상승하여, 1921년(다이쇼 10년)에는 꽃님반(花組)과 달님반(月組) 두 조로 편성.

1914년(다이쇼 3년) 4월

여성으로만 구성된 극단,
다카라즈카 소녀 가극이 시작되다

이 해 4월 1일 다카라즈카(寶塚) 신온천에서 열린 결혼박람회에서 관객들의 흥을 돋구기 위해 20명의 소녀들이 출연하는 가극 「나비춤(胡蝶の舞)」과 「돈부라코」 등이 파라다이스극장에서 상연되었다. 이것이 90년 역사의 여성만으로 구성된 극단 '다카라즈카'의 효시다.

한큐(阪急)그룹의 창시자 고바야시 이치조(小林一三)는 미노 아리마(箕面有馬) 전기궤도(한큐전차의 전신)의 승객 유치책의 일환으로 1911년(메이지 44년) 다카라즈카에 다카라즈카 신온천을 개업했다. 광천을 이용한 근대적인 온천 시설이다.

그때 실내 풀도 함께 만들었는데, 이용객들의 불만이 많아 이용객은 많지 않았다. 그래서 풀을 버라이어티 시설로 개조, 당시 오사카 미쓰코시에서 인기를 끌던 소년음악대에서 힌트를 얻어 고바야시는 소녀가창대(최초의 명칭)라 이름을 붙이고, 소녀들은 모집하여 그와 같은 공연을 마련하게 된 것이다.

지명도가 높아지면서 인기가 상승했고, 버라이어티 극장만으로는 관객을 모두 수용할 수 없게 되자 새로운 극장을 건설하였고, 1918년(다이쇼 7년)에는 데이코쿠극장에서 도쿄 공연도 실현시켰다. 그 6년 뒤에는 실로 4000명을 수용할 수 있는 대극장을 완성한다. 그 규모에서 '다카라즈카'의 성장세를 엿볼 수 있다.

'다카라즈카'의 출발점, 다카라즈카 신온천
어린이를 위한 유원지며 동물원, 식물원, 도서관, 다양한 오락시설 등을 늘려가면서 거대한 놀이공원으로 발전.

대극장의 관람석
총 면적 약 2600m²(800평), 3층의 관람석, 높이 약 29m로 '세계 굴지의 대극장'으로 우뚝 섰다.

루나파크

안전 비행기, 전기 자동차, 유람 탱크, 대형 미끄럼틀, 야외 놀이시설, 동물원, 베이비 풀 등을 갖춘 어린이용 시설도 유원지로서 손색이 없었다.

도서관

식물원 한 편에 마련되었다. "동양 제일의 민중놀이공원"(『다카라즈카 신온천 안내』 팸플릿)에서는 문예를 중심으로 한 장서를 비롯해 국내외 신간 도서를 수집하여 입장객들에게 지적 호기심을 채워 주었다.

그림엽서 설명에는 "사진은 박사의 생가 이웃에 사는 노구치 지헤이(野口治平) 군이 군함 이와테를 타고 원양 항해를 하던 중 록펠러연구소를 방문했을 때 박사 자신이 사진기를 들고 촬영 · 서명한 것. 마침 홍열병(紅熱病) 연구를 위해 출발하기 1주일 전이었다"고 쓰여 있다. 홍열병은 황열병의 오기인 것 같다.

1914년 (다이쇼 3년) 11월

록펠러재단 의학연구소의 정식연구원으로 승격된 노구치 히데요

1900년(메이지 33년) 24세로 도미한 노구치 히데요(野口英世)는 4년 뒤에 록펠러의학연구소에 입소, 1913년(다이쇼 2년) 인체의 뇌 속에서 매독(梅毒)의 병원체인 스피로헤타를 발견하는 쾌거를 이루었다. 그 공적을 인정받아 노구치는 이듬해 록펠러의학연구소의 정식 연구원이 되어 세계 탑클래스 두뇌의 한 사람이 되었다.

어려운 가정에서 태어나 어릴 적 중화상을 입어 왼손이 부자유스러운 장애를 극복하고 노구치는 세계적으로 인정받는 학자가 되었다. 독일 정부의 초청을 받아 강연을 하고 고향인 후쿠시마현에서도 개선 강의를 하는 등 가는 곳마다 대환영을 받았다.

그 뒤 노구치는 황열병의 원인균을 찾는 데 몰두한다. 그러다가 남미 에콰도르에서 균을 찾아내지만 안타깝게도 오류로 판명되자 이번에는 아프리카로 향한다. 아프리카의 서해안 아크라(지금의 가나)에 도착한 것이 1927년(쇼와 2년) 11월. 그곳에서 정력적으로 활동을 하다가 이듬해 5월 병상에 눕고만다. 자신이 황열병에 걸린 것이다.

노구치는 5월 21일 51세로 세상을 떴다. 노벨 의학상 최종 후보에 오른 세균 연구자의 마지막 모습이었다.

도쿄역의 4층까지 뚫린 돔 아래쪽에 위치한 광장. 천장에는 거대한 독수리 조각이 설치되어 있어 당시의 신문은 "마치 궁전과도 같다"고 보도했다. 맨 처음에는 모모야마(桃山)시대 양식인 일본 건축양식으로 계획되었다.

6년의 공사 기간 후 위풍당당한 모습을 드러낸 도쿄역

일본의 대표적인 역사 도쿄역은 6년 반의 공사기간을 거쳐 이 해 12월 18일 문을 열었다. 설계자는 메이지시대의 건축계 황제 다쓰노 긴고(辰野金吾). 붉은 벽돌의 건축미와 위풍당당한 모습을 갖추어 개업식장에는 대군중이 모여들었다.

도쿄역이 계획되기 전의 메이지 전기, 도쿄의 터미널역은 도카이도선의 기점인 신바시역과 도호쿠선의 기점인 우에노역으로 나뉘어 있었다.

그러나 신바시역과 우에노역을 잇는 선로가 없어 도쿄의 철도망은 불완전한 상태였다. 그래서 양자를 연결해 그 사이에 중앙정차장을 설치하려는 계획이 1884년(메이지 17년)에 추진된다. 도쿄역 건설의 출발점이다.

우여곡절 끝에 착공된 것은 그로부터 무려 24년이 지난 1908년(메이지 41년). 청일전쟁 등으로 지연되기는 했지만 사용된 벽돌의 총 수만 해도 약 900백만 개. 규모에서 보더라도 그야말로 국가적인 사업이었다. 당시 신문은 도쿄역을 "동양 최대의 정차장"이라고 표현했다.

또 역사에는 호텔도 함께 들어섰다. 훗날 호텔에서 결혼식을 올리고 곧바로 열차를 타고 신혼여행을 떠나는 신혼부부도 등장했다.

삿포로정차장
1908년(메이지 41년) 12월에 준공. 3대째 역사다. 홋카이도에 처음 철도가 놓인 것은 1880년(메이지 13년) 11월. 삿포로 - 오타루 · 데마야 구간이었다. 초대 역사는 목조 1층 건물로 넓이 36m²(11평)의 작은 규모. 2대째는 1882년(메이지 15년)에 완성되었는데 24년 뒤에 화재로 절반 가량이 소실되었다.

도시의 관문인 역사가 지방의 자랑거리가 되다

　1872년(메이지 5년) 9월 이후 철도 발전에 따라 전국의 도시에 역사(驛舍)라는 새로운 관문이 탄생했다. 초기에는 엉성한 1층 건물이 적지 않았는데, 철도의 역할이 중요해지자 역사 또한 중후장대하고 거대한 건물로 탈바꿈했다. 역사가 성장해가는 모습은 근대 일본의 발전과 궤적을 같이했다고 할 수 있을 것이다.

　예를 들면 초대 삿포로역은 고작해야 36m²(11평) 정도의 단층 건물이었고, 센다이역 역시 정면 35m 정도의 단층 건물이었는데 시간의 흐름과 더불어 승객과 화물이 늘어나면서 규모가 작은 건물로는 감당을 할 수 없게 되자 호화스럽고 장대한 건물로 개축되었다. 목조, 석조, 벽돌 등 각양각색이었으나 한결같이 시가지 중심 혹은 그 지역의 상징적 존재로서 빛을 발했다. 또 나가사키역과 같은 곳에서는 2층에 서양 요리점을 열어 상류층 손님들을 끌어모았다.

　그렇지만 1922년(다이쇼 11년) 최초의 철근콘크리트 건축물인 히로시마역이 탄생하자 우에노역, 신주쿠역, 요코하마역, 오카야마역 등이 잇달아 현대적인 모습으로 변모하여 새로운 시대의 도래를 예견했고, 기능성을 중시하는 건물로 변모해갔다.

센다이정차장

일본 최초의 민영 철도인 니혼철도는 우에노에서 북쪽으로 선로를 늘려갔는데 시오카마(鹽釜)까지 개설된 1887년(메이지 20년) 12월에 개업했다. 그림엽서는 2대째 역사. 개업 후 7년이 지나 완성한 것이다. 구경꾼들이 모여들 정도로 인기를 끌었는데 주변에 야시장이 열렸다고 한다. 1945년(쇼와 20년) 공습으로 소실되었다.

우쓰노미야 정차장

니혼철도는 1885년(메이지 18년) 7월에 우쓰노미야(宇都宮)까지 개통했다. 그림엽서의 역사는 1901년(메이지 34년) 완성한 2대째. 교토 니조(二條)역과 흡사한 모습인데, 같은 도면을 사용했다는 설도 있다.

우에노정차장

1885년(메이지 18년) 7월에 준공. 서양풍 벽돌식에 기와를 얹은 2층 건물이었다. 그림엽서는 현재의 히로코지(廣小路) 입구(당시 남쪽 출입구)에서 바라본 것. 발차 벨(당시는 발차경보기)은 우에노역에서부터 시작되었다. 1912년(메이지 45년) 1월 8일 처음으로 울렸다.

신바시역

원래는 1909년(메이지 42년) 도리모리(鳥森)역으로 문을 열었는데, 도쿄역이 신설됨에 따라 이곳이 신바시역으로 되었다. 초대 신바시역(30쪽 참조)은 시오토메(汐留)역으로 이름이 바뀌어 화물전용역으로 된다.

교토 시치조(七條)역

현재의 교토역 터에 2대째 역사로 다이쇼 천황의 즉위식에 맞추어 건설된 것. 1914년(다이쇼 3년) 8월에 영업이 개시되었다. 목조로 일부 벽돌식.

오사카역

중앙에 보이는 것이 1899년(메이지 32년) 11월에 준공한 2대째 역사. 일부 2층의 단층 건물로 외벽에 석재를 대고, 내장에는 벽돌과 고급 목재를 사용. 1935년(쇼와 10년)에 해체되었다.

히로시마역

군사도시로 발전한 곳으로 초대 히로시마역은 소박한 건물이었는데, 개축 후인 1922년(다이쇼 11년) 11월에 일본 최초의 콘크리트 역으로 탈바꿈했다. 피폭 때에도 건재하여 1964년(쇼와 39년)까지 사용되었다.

시모노세키역

1901년(메이지 34년) 5월 개업 당시에는 바칸(場關)역이라고 불렀다. 그림엽서는 개업 때부터의 건물. 부관연락선의 접속역으로 번영을 구가했으나 1942년(쇼와 17년) 간몬 해저 터널(혼슈의 시모노세키와 규슈의 모지(門司)를 연결하는 총 3.6km의 해저 터널—옮긴이)이 개통되자 시모노세키역은 지금의 다케자키초(竹崎町)로 이전했다.

다카마쓰역

1910년(메이지 43년) 준공한 2대째 다카마쓰(高松)역. 우코(宇高)연락선의 접속역 역할도 했는데, 목조이면서 서양 건축 양식으로 당시는 시코쿠 최대의 규모와 호화로움을 자랑했다.

경성역

1925년(다이쇼 14년) 10월에 개업했다(현재의 서울역). 도쿄역과 신바시역처럼 붉은 벽돌과 백색 석재를 조합시켜 외관을 꾸몄다. 이 시기 일본 국내에서는 모던스타일의 역사가 탄생했는데, 이와 같은 형식으로 건설한 것은 종주국으로서의 위엄을 드러내기 위해서였다고 한다.

그림엽서에는 "상품진열소"로 되어 있다. 메이지 후반기에 각지에 설치된 물산진열소 중 하나로서 계획되었다. 훗날 히로시마산업장려관으로 이름이 바뀌었다.

히로시마 상품진열소(원폭돔) 개관

훗날 피폭으로 인해 원폭 돔으로 알려진 히로시마상품진열소(별명은 히로시마물산진열관)가 완성되었다. 설계는 체코 출신의 얀 렛슬(Jan Letzel)이 담당. 그런데 왜 체코 출신 건축가가 설계를 맡았을까?

프라하 건축학교에서 공부한 렛슬은 1907년(메이지 40년) 요코하마의 드 래런드건축 사무소에서 일하기 위해 일본에 온다. 그리고 2년 뒤에는 독립, 미야기현의 마쓰시마 파크호텔 설계를 의뢰받는다. 발주원은 미야기현 지사 데라다 유스케(寺田裕之)다.

데라다가 히로시마로 전근해가면서, 렛슬의 성실한 태도가 마음에 들어 상품진열관 설계를 다시 렛슬에게 맡긴 것이다.

올가 스트루스코바(Olga Struskova)는 『렛슬의 묵시록(レッルの默示錄)』에서 렛슬이 건물의 채광에 심혈을 기울인 것은 "진열관의 디자인은 전시품 하나하나가 본래의 가치를 드러낼 수 있는 최적의 장소를 제공해야 하기 때문"이라고 설명한다. 발코니도 설치했는데 아쉽게도 출입금지였다.

렛슬은 1925년(다이쇼 14년) 프라하에서 45세로 눈을 감았는데 일본인을 아내로 맞이하는 등 일본에 깊게 뿌리를 내렸다. 하지만 그 역시 진열관이 원폭의 상징으로 남으리라고는 꿈에도 생각하지 못했을 것이다.

아오야마연병장에서 스미스(Art Smith)의 공중회전 비행을 쳐다보는 사람들. 비행기는 자신이 커티스식 복엽기를 모방해 만든 것으로 조종도 스스로 체득했다고 한다.

1916년(다이쇼 5년) 4월

2만 명의 관중을 열광시킨 곡예비행사 스미스

사진잡지 『사진통신』 1916년 5월호는 미국인 아트 스미스의 공중묘기 소식을 전했다. "새 인간이라느니 공중의 제왕이라느니, 온갖 찬사를 한 몸에 받은 미국인 스미스 군은 (중략) 죽음을 무릅쓰고 다섯 차례의 공중제비와 두 차례의 나선형 강하를 단행하여 2만의 관중을 열광시켰고 마침내는 눈물까지 쏟게 만들었다."

라이트 형제가 최초의 비행을 한 지 13년. 일본에서는 프랑스 유학을 통해 비행술을 익힌 도쿠가와 요시도시(德川好敏) 대위와 히노 구마조(日野熊藏) 대위가 최초로 하늘을 난 지 6년. 인류의 비행기술은 비약적인 발전을 거듭하면서 스미스처럼 곡예비행을 하는 사람까지 등장하게 되었다.

실은 외국인이 훈련시킨 일본인 비행가들이 다이쇼시대에 들어서서 전국 각지에서 공연비행을 보여주고는 있었지만, 스미스와 같은 외국인 비행가가 잇달아 일본에 오면서(스미스가 오기 전 해 12월에는 미국인 찰스 나일스(Charles Niles)가 도쿄 아오야마 상공에서 일본 최초의 공중회전을 5만 명의 관객에게 선보였다) 인기를 잃어갔다. 역시 본고장 비행사의 기량에는 필적할 수 없었을 것이다.

특히 스미스의 인기는 절대적이었는데, 자서전까지 출판이 되었고 이듬해에는 어머니까지 동반하고 일본에 와 효자 비행가로서 일본인들에게 크게 각광을 받았다.

동양 문화재의 해외유출 방지에 공헌했다는 오쿠라 슈코칸(集古館). 개관시 수집품은 3700점. 서적도 1만 5000권이 넘었다. 현재도 목조 보현보살기상상(木造普賢菩薩騎象像)과 같은 국보 등 수많은 소장품을 보유하고 있다.

1917년(다이쇼 6년) 8월

사립미술관의 시초, 오쿠라 슈코칸의 개관

도쿄 아카사카에 오쿠라재벌의 창시자 오쿠라 기하치로(大倉喜八郎)가 50여 년에 걸쳐 수집한 미술품을 전시하는 오쿠라 슈코칸이 개관했다. 일본 최초의 사설미술관의 탄생이다.

오쿠라는 메이지유신 후 어용상인으로서 성공을 거두어 막대한 부를 쌓는 한편, 쓰루히코(鶴彦)라는 호를 사용하며 호사가로서 취미도 살려 일본 미술품을 정력적으로 수집했다. 일본의 문화재가 해외로 유출되는 것을 보고 행동으로 옮겼다고 한다. 또 중국에 진출하고서부터는 중국의 미술품도 수집했다.

그 성과를 드러낸 것이 오쿠라 슈코칸이다. 1878년(메이지 11년) 정부로부터 불하받아 자택이 있던 구 아카사카 아오이초(葵町)에 창설을 했는데 여러 방면에서 찬사를 받았다.

그러나 슈코칸은 6년 뒤의 간토대지진으로 커다란 피해를 입어 1928년(쇼와 3년) 이토 주타(伊東忠太)의 설계로 재건되었다. 기하치로는 재건 직전에 죽었지만 그 뒤에도 아들 기시치로(喜七郎)가 아버지의 뜻을 이어 소장품을 늘려갔다.

현재는 기시치로가 자택 부지에 세운 성곽풍의 호텔 오쿠라 앞에 자리잡고 있으며 감상자들의 방문을 기다리고 있다.

호산지(寶山寺)역 - 도리이마에(鳥居前)역 구간 2km에서 영업, 현재도 운행되고 있다. 일본의 케이블카(산악의 급경사 등을 강철 케이블이 설치된 차량을 감아올리는 기계로 끌어올리며 운전하는 철도. 우리나라의 일반적인 케이블카는 로프웨이 또는 삭도[索道]라고 부른다―옮긴이)는 그 뒤 전쟁 전까지 다카오야마(高尾山), 하코네(箱根), 히에이잔比叡山), 롯코산, 야지마산(屋島山, 가가와[香川]현)으로 확산되었다.

1918년(다이쇼 7년) 8월
일본 최초의 케이블카 등장

수험도(修驗道)의 시조인 엔노교자(役行者, 나라시대 산악 수행자이자 주술가―옮긴이)가 수행한 곳으로 유명한 나라현의 이코마야마(生駒山). 그 땅에 일본 최초의 케이블카가 등장했다. 개통 구간은 호산지역과 도리이마에역 사이의 약 1km. 호산지역, 도리이마에역에서 각각 오전 6시에 첫차를, 오후 9시 48분에 막차를 운행했는데 배차간격은 12분이었다.

케이블카가 세계 최초로 개통된 곳은 1877년 스위스. 이코마야마의 호산지에는 참배객들이 많이 방문했는데 오사카와 나라(奈良)를 잇는 철도가 1914년(다이쇼 3년) 개통하자 그때까지 가마를 이용하던 참배객들에게 편의를 제공하기 위해 케이블카 도입이 계획되었다.

여기에서도 스위스제의 굵은 케이블이 사용되었는데, 당시 신문은 "승차감이 좋다"고 전하고 차량 바닥 부분에 자동 정지를 위한 안전장치가 갖추어진 것을 보도하면서 만일의 경우에는 "압착 공기가 작용하여 자동적으로 궤도에 물리게끔 되어있어 전혀 위험하지 않은 안전한 시설"이라고 설명했다(『오사카 아사히신문』).

그 후 이코마야마의 케이블카는 1929년(쇼와 4년) 산 위까지 총 길이 2km로 연장, 산 정상에 개업한 유원지의 행락객들도 이용했다.

네오르네상스양식을 기조로 한 외관. 1988년(쇼와 63년) 영구보존이 결정되었고, 1999년(헤이세이 11년)부터 지진에 견딜 수 있는 구조로 보존공사가 추진되어, 2002년(헤이세이 14년) 11월에 다시 개관. 12월 26일에 국가중요문화재로 지정되었다.

주식투자자 기부로 완성된 오사카 중앙공회당

부친의 주식중개업을 이어받은 이와모토 에이노스케(岩本榮之介)는 1907년(메이지 40년)의 주가 폭등으로 막대한 이익을 얻었으며, 2년 뒤에 시부사와 에이이치(澁澤榮一)를 주축으로 한 도미실업단에 참가했다. 그때 미국의 부호가 적극적으로 공공사업이나 자선사업에 뛰어드는 것을 보고 공감하여 귀국 후 "오사카시에 공회당을"이라는 뜻을 품고 오늘날의 50억 엔에 해당하는 100만 엔을 기부하겠다는 의향을 밝혔다.

설계는 일본에서 최초로 현상공모를 통한 경합방식으로 이루어졌고, 오카다 신이치로(岡田信一郎, 훗날 도쿄 긴자의 가부키좌를 설계)의 원안을 기초로 다쓰노 긴고와 가타오카 야스(片岡安)가 담당했다. 또 제15대 스미토모 기치자에몬도모이토(住友吉左衛門友純)의 기부로 완성된 부립 나카노시마 도서관에 인접지이자 일찍이 오사카 기업과 은행의 근대적 경영에 공헌한 오사카통상회사와 환전회사 터에서 공사를 시작했다.

이와모토는 제1차 세계대전 시기의 주가 하락으로 막대한 손해를 입어 1916년(다이쇼 5년) 10월, 39세의 생을 스스로 마감했다.

그의 죽음과 관계없이 공회당의 공사가 진행되어 5년 4개월이란 기간을 거쳐 마침내 완성을 보았다. 이 공회당은 시민들로부터 "붉은 벽돌 공회당"으로 불리며 사랑을 받았다.

중일합작으로 설립한 신코(振興)철강공사가 채굴한 철광석을 만철이 설립한 안잔(鞍山)제철소가 이용하는 구조였다. 선철(銑鐵) 생산에서 보면 1933년(쇼와 8년)에는 야하타제철소의 36% 정도 규모로 성장. 전후에는 소련에서 다시 중국으로 관리가 이전되었다.

안잔제철소 조업 개시

이 해 4월 남만주철도가 건립한 안잔제철소의 제1호 고로의 점화식이 거행되면서 조업이 시작되었다.

만철은 1906년(메이지 39년) 창립 때부터 철의 자급자족을 국책으로 삼고 있던 일본 정부의 의향에 따라 만주의 지질조사에 착수했다. 그리고 남부 안잔에서 광구를 발견, 추정 20억 톤의 매장량이 확인되어 이곳에 제철소가 건립된 것이다.

안잔의 점화식은 관영 야하타제철소 제1고로에서 1901년(메이지 34년)에 점화식이 있은 지 18년 만이었다. 야하타제철소 점화식 이래 "쇠는 곧 국가"라는 정책이 지속된 가운데 이루어진 일이라 안잔제철소의 조업에 커다란 기대를 걸고 있었다.

그 후 제4고로까지 건설할 예정이었으나, 제1차 세계대전의 종결로 철강 수요가 줄어들면서 제1고로만으로 조업을 했다.

철광석 대부분이 철분 함량 40% 미만의 '빈광'이라는 것도 경영을 압박했다. 그래서 연구를 거듭, 우메네 쇼사부로(梅根常三朗) 기사(훗날의 기사장)가 개발한 환원배소법(還元焙燒法)이라는 독특한 방식으로 문제를 해결하여 1927년(쇼와 2년)에 이르러 처음으로 이익을 냈다.

러시아 파르티잔은 일본 지원군의 습격이 있자, 5월 구 일본군 포로 120~130명을 살해하고, 시가지를 방화했다. 수천 명의 희생자가 생겼고 시가지는 잿더미로 변했다.

수백명의 일본인 사상자를 낸 '니코 사건'

사할린의 건너편에 있는 헤이룽강(아무르 강) 하구에 있는 도시 니코(尼港, 니콜라에프스크)에서 이 해 3월 파르티잔과의 전투로 600~700명 정도의 일본인이 전사했다. 러시아혁명에 대한 군사 간섭의 일환으로 2년 전부터 진행된 시베리아 출병 중에 벌어진 일인데, 이 사건을 계기로 대(對)소비에트 전략을 중시하여 일본군은 한층 첨예화해간다.

파르티잔은 원래 소비에트 정부의 정규군이 아니라 민병부대였다. 니코 해방을 목표로 농민과 광산노동자들의 협력을 얻어 군세를 확장해갔다.

그 파르티잔과 일본군의 전투가 시작된 것은 이 해 1월이었다. 2월 말 일시 휴전했다가 3월에 일본군의 기습으로 전투가 재개되었다. 일본 측은 병사 약 350명과 거류민 약 380명, 이에 비해 파르티잔은 4000명. 도저히 일본이 이길 수 없는 전투였다.

일본의 신문은 이것을 "니코의 참극"이라고만 보도했을 뿐, 일본군이 휴전협정을 깨고 무모하게 기습을 한 사실 등은 보도하지 않았기 때문에 일본 국민은 분노했다. 정부는 이를 빌미로 반공(反共) 선전에 열을 올리고, 또한 북부 사할린 점령을 추진했다.

제1회 인구총조사(國勢調査) 실시를 알리는 그림엽서. 그 목적, 조사일시, 조사방법, 항목이 기재되어 있다. 임시 국세조사국 발행.

1920년(다이쇼 9년) 10월

인구총조사 실시

이 해 10월 제1회 인구총조사가 실시되었다. 그 결과는 같은 해 12월에 공표되었는데 총 인구는 약 7700만 명이었다. 이 숫자는 타이완, 조선, 사할린을 포함한 외지인구 약 2104만 명을 포함한 것이다. 그 비율은 전체의 27%. 아울러 도쿄도는 약 370만 명. 이하 오사카부, 홋카이도, 효고현, 후쿠오카현, 아이치현 순으로 200만 명을 넘었다.

인구총조사 실시는 18년 전인 1902년(메이지 35년) 12월 2일 인구총조사에 관한 법률이 발표되면서 결정되었다. 그런데 1917년(다이쇼 6년) 3월 5일자 『도쿄 아사히신문』은 "법률이 제정되고 나서 이미 20년이 되었는데 아직 한 번도 실시된 적이 없다"며 실시를 촉구했다.

이 신문은 실시 연기 이유로 러일전쟁을 들면서 "인구의 수, 종류, 직업, 연령, 증감 등은 모든 국가적 시설의 기초가 되기 때문에 이번에는 반드시 실시해야 한다고 생각한다"며 인구총조사의 필요성을 독자에게 설명했다.

조사결과, 인구 순위 상위 10개 도시는 다음과 같다. 도쿄시, 오사카시, 고베시, 교토시, 나고야시, 요코하마시, 나가사키시, 히로시마시, 하코다테구([函館區], 당시는 구제), 구레(吳)시.

부지 중앙의 본전. 72만 6000m²(약 22만 평)의 부지를 갖춘 신궁 전체는 6년의 세월에 걸쳐 완성되었다. 1915년 (다이쇼 4년) 지친사이(地鎭祭, 토목공사를 할 때 땅의 신에게 지내는 제사―옮긴이)를 올린 앞 해에는 아키노리 (昭憲) 황태후가 사망, 두 사람의 위패를 세웠다. 같은 종류의 그림엽서에 "1년 참배자 2백 수십만 명"이라고 적혀 있다.

1920년(다이쇼 9년) 11월
메이지신궁 조성

메이지 천황이 죽고 나서 이틀 뒤, 시부사와 에이이치 남작, 사카타니 요시오(阪谷芳郎) 도쿄시장 등 도쿄의 유지들이 정부에 도쿄에 능묘를 조성할 것을 청원했지만, 천황의 유지에 따라 교토 후시미에 능묘를 쌓기로 결정하여 청원은 기각되었다.

그래서 유지들이 다시 결집하여 요요기(代代木) 고료치(御料地신궁의 제사에 이용하는 신찬 등을 조달하는 시설―옮긴이)에 메이지 천황의 신령을 모시는 신사 창건을 위한 각서를 작성하여 정부에 제출했다. 정부는 전국 각지의 청원을 검토 한 후 지금의 자리가 적당하다고 판단하여, 메이지신궁 건설지가 결정되었다.

그러나 그 다음이 문제였다. 신사의 숲을 조성하려 해도 대부분이 초원이나 습지 또는 논밭이었기 때문이다. 국민들로부터 헌수(獻樹)를 받았는데 10만 주 가까이 되었다고 한다. 혼슈는 물론이고, 멀리는 홋카이도와 사할린, 조선과 타이완, 만주 등지에서도 헌수(獻樹)가 있어 『메이지신궁약기(明治神宮略記)』가 "식물원으로 조성하더라도 대단한 가치가 있을 것"이라고 기록할 정도였다.

메이지 천황은 국민의 신뢰도·관심도가 높은데다가 정치적 영향력도 있었다. 그런만큼 메이지신궁이 준공된 11월 1일의 진자사이(鎭座祭, 신이 그 터에 머무르도록 올리는 제사―옮긴이)에는 사람들이 몰려들어 38명의 사상자를 냈다.

NAGATO.

승조원 400명을 수용할 수 있는 거함 나가토(長門). 주포의 사정거리가 "도쿄역에서 요코하마역까지"라는 설명이 붙어 있다. 세계 최초의 40cm 주포 8문을 탑제, 야마토와 무사시가 완성되기 전까지 최강이었다. 제1굴뚝은 직립형으로 되어 있는데 4년 뒤에는 구부러진 형태로 바뀌었다.

1920년(다이쇼 9년) 11월

세계 최대 · 최강의 거함, 나가토

일본 국산 군함 제1호는 1873년(메이지 6년) 요코스카(橫須賀)조선소에서 건조한 젠게이(迅鯨)와 기요테루(淸輝)였다. 그 뒤 한동안 본격적인 전함이나 순양함은 구미에 주문할 수밖에 없는 상황이었다.

그러나 1905년(메이지 38년) 구레(吳) 해군공창에서 쓰쿠바(筑波)와 이코마(生駒), 요코스카에서 사쓰마(薩摩)와 구라마(鞍馬)와 같은 2만 톤에 가까운 전함이나 장갑 순양함을 건조하게 되면서 군함 건조 기술은 비약적으로 성장했다(외국에 마지막으로 발주한 것은 1911년 기공한 전함 곤고[金剛]였다).

그리고 나서 15년 뒤, 구레의 공창에서 당시 세계 최대 · 최강의 군함 나가토가 첫울음을 터트린다. 해군이 계획한 8 · 8함대(전함 8척, 순양함 8척으로 된 고속군함 함대)의 주력 전함이 탄생한 것이다. 또 이듬해에는 나가토와 형태나 규모가 동일한 두 번째 전함 무쓰(陸奧)도 준공. 나가토와 함께 함대의 상징으로서 국민들의 사랑을 받았다.

그러나 낭비가 따르는 군함경쟁에 휘말려드는 것을 두려워한 주요국들은 무쓰가 완성되던 해 11월에 워싱턴군축회의를 열고 일본이 건조한 나가토와 무쓰를 문제삼아 10년 동안 군함 건조를 중지할 것과 주력 전함 보유비율 등을 정했다. 보유비율은 영국 · 미국 5에 대해 일본은 3, 프랑스 · 이탈리아는 1.6이었다.

영국 포츠머스항에 도착한 뒤 열병을 하는 도구(東宮, 히로히토 친왕). 2일 뒤에는 런던행 궁정 열차를 타고 버킹검 궁전으로 향했다(오사카 마이니치신문사 런던지국 촬영).

1921년(다이쇼 10년) 3월

유럽을 방문한 황태자 히로히토

훗날의 쇼와 천황이 된 황태자 히로히토(裕仁) 친왕이 이 해 3월 3일 황실로서는 최초의 유럽 순방에 나섰다. 기간은 6개월. 영국, 프랑스, 벨기에, 이탈리아를 방문하고 9월 3일 귀국했다.

특히 영국은 당시 일본과 동맹을 맺고 있어 황태자를 따뜻하게 맞이했고 버킹검궁전에서는 화려한 환영 만찬회가 열렸다.

한편 일본으로서는 황태자의 유럽 방문은 커다란 의미가 있었다. 4년 전 러시아혁명으로 로마노프왕조가 무너지는 등 유럽에서는 군주제가 위기에 처해, 그러한 현상을 확인하고 국제적 시야를 기르면서 왕실의 존재방식을 배우려는 목적이 있었던 것같다.

히로히토 친왕은 20세기가 시작된 1901년(메이지 43년) 4월에 태어났다. 출발하던 때는 20세가 되기 직전이었다. 긴 항해중에 영어와 프랑스어를 공부하고 서양 요리 식사 예절 등 특별 훈련을 받았다. 오후 휴식시간에는 갑판에서 골프에 몰두하는 일이 많았다고 한다.

훗날 "처음으로 자유로운 생활을 체험했던 것이 그 후 내 자신에게 커다란 도움이 되었다"고 술회했다.

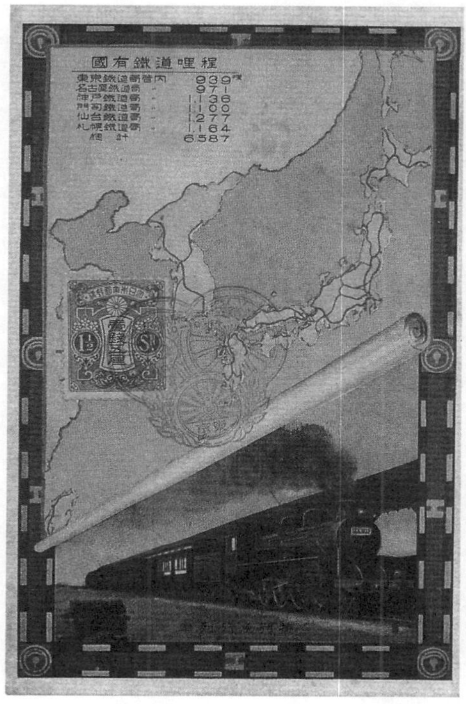

개통 50주년을 맞이해 도쿄철도국 관내는 939마일, 나고야철도국 관내 971마일, 고베철도국 관내 1136마일, 모지철도국 관내 1100마일, 센다이철도국 관내 1277마일, 삿포로철도국 관내 1,164마일 합계 6587마일로 늘어났다. 킬로미터로 환산하면 1만km가 넘는다(1마일=약 1.6km).

1921년(다이쇼 10년) 10월

개통 50주년을 맞은 일본 철도

이 해 10월 14일 철도 개통 50주년 축전이 도쿄와 각 철도국에서 성대하게 거행되었다. 정확하게는 철도 개통은 1872년(메이지 5년) 9월 12일 이었는데 당시는 음력. 양력으로 환산한 10월 14일이 기념일로 되었다.

일본의 근대는 철도의 역사이기도 했다. 1872년(메이지 5년) 신바시 - 요코하마 구간에서 개통을 했고, 17년 뒤에는 도카이도선인 신바시 - 고베 전 구간이 개통. 나아가 그 2년 뒤에는 도호쿠본선의 우에노 - 아오모리 전 구간이 개통하는 등 철도 공사는 전국적으로 급물살을 타면서 사람들과 물자의 흐름이 왕성해졌다. 그 뒤 1893년(메이지 26년) 국산 기관차 제1호 탄생, 다시 5년 뒤에는 우에노 - 아오모리를 운행하는 니혼철도에서 최초의 파업이 일어났으나, 발전이 멈추지는 않았다.

그리고 마침내 1906년(메이지 39년) 철도 국유법에 의해 주요 17개 사철이 매수되어 국철이 발족한다. 더욱이 같은 해에는 공영 철도, 민영 철도와 타이완의 철도를 합한 5천 마일 돌파 축하회도 개최되었다. 개통 후 34년 동안 280배나 신장한 셈이다. 그리고 나서 15년 후 철도는 개통 50주년을 맞이했다.

1922년(다이쇼 11년) 2월
일본 의회제도 체제 아래 최초의 총리, 야마가타 아리토모의 사망

육군, 정계, 궁중 등 권력의 핵심에 군림하던 야마가타 아리토모(山縣有朋)가 이 해 2월 1일 사망. 9일 국장이 치러졌다. 만 83세였다.

야마가타는 1838년(덴포天保 9년)에 태어났다. 덴포시대에 태어난 청년들은 메이지 유신을 향해 돌진한 세대다. 오쿠보 도시미치, 기도 다카요시(木戶孝允), 뜻을 펼치던 도중 쓰러진 사카모토 료마(坂本龍馬), 요시다 쇼인(吉田松陰), 다카스기 신사쿠(高杉晋作)도 덴포시대의 청년이었다.

덴포시대의 청년으로 80세 이상의 장수를 누린 사람은 이노우에 가오루(井上馨), 이타가키 다이스케, 오쿠마 시게노부, 오쿠마와 같은 해에 사망한 야마가타 아리토모. 그런

의미에서 이 해는 또 하나의 메이지시대의 종언이었다.

조슈기병대 출신인 야마가타는 메이지 초기, 병부(兵部) 쇼우(少輔) 직위에 올라 육군의 병제 확립에 공헌했고, 이어 육군경과 참모본부장을 역임하며 수상도 두 차례나 거쳤다. 메이지 천황과는 서로 맞고함을 치기도 했고, 육군 대연습 후에 열린 연회에 천황을 억지로 끌고 간 적도 있었다.

그런데 1920년(다이쇼 9년) '모종의 궁중 중대사건' (203쪽 참조)으로 야마가타는 실각하여, 이듬해에 모든 관직과 직위에서 물러났다. 그 이듬해 황태자 시절의 다이쇼 천황을 초대하기도 했던 오다와라의 사저 고키안(古稀庵)에서 숨을 거뒀다.

문화촌 한 쪽에 설치된 클럽. 주민들의 사교장 역할을 했다. 앞면에는 가격 1평(3.3m²)당 50엔에서 65엔, 최저 50평부터 분양한다고 설명되어 있다.

1922년(다이쇼 11년) 6월

문화주택의 거점, 메지로문화촌

다이쇼시대에 문화주택이 등장. 그 개념은 교외에 있는 서양식 소형 주택으로 과학적이고 합리적으로 생활할 수 있는 주거 공간을 의미했다.

하코네토지주식회사를 경영하던 쓰쓰미 야스지로(堤康次郎, 세이부그룹의 창시자)는 교외 주택지 개발을 시작, 최종적으로 9만 9000m²(3만 평)가 넘는 메지로(目白)문화촌의 토지분양에 순차적으로 착수했다. 장소는 도쿄시 도요다마군(豊多摩郡) 시모오치아이손(下落合村, 지금의 신주쿠 구내)으로 처음에는 부동원(不動園)이라는 이름으로 분양을 개시했는데, 이 해 도쿄 우에노에서 열린 평화기념박람회에 전시된 문화촌 주택전이 호평을 받자 메지로문화촌으로 바꿨다.

쓰쓰미가 신문광고에서 "메지로문화촌은 천혜의 부지에 인위적으로 편의 시설을 가미한 현대인에게 가장 잘 어울리는 안락한 주거지입니다"라고 썼듯이, 쾌적한 근교생활을 할 수 있도록 잘 정비된 도로에 위생적인 하수도를 갖추어 놓았고, 제2문화촌 이후에는 난방과 조리용 전열장치에 테니스 코트까지 마련해놓았다.

이 메지로문화촌은 당시 싹트기 시작한 전원도시의 조성으로 이어졌다. 그 선구적인 작업으로 고바야시 이치조(小林一三)의 한큐(阪急)연선(沿線)의 주택 개발은 1908년(메이지 41년) 무렵부터 시작되었다.

4층에 최신 기술을 도입한 미용실이, 9층에는 센토우(錢湯, 일종의 공중목욕탕)도 갖추어져 있었다. 입실 안내서에는 "신발을 벗고 들어올 필요가 없음" 이라든가, "절대로 코를 풀거나 침을 뱉어서는 안 됨" 과 같은 문구가 적혀 있었다.

1923년(다이쇼 12년) 2월

동양 최대의 오피스빌딩, 마루빌딩 준공

도쿄역 앞에 지상 9층에 지하 1층의 연건평 6만여m²(1만 8000평)의 거대빌딩이 완성되었다. 동양 최대의 오피스빌딩으로 불린 마루노우치(丸の內)빌딩. 통칭 마루(丸)비루다(빌딩을 줄여 비루라고 부르게 된 것은 마루비루가 원조라고 한다). 1층에는 유명상점이 빼곡이 들어찼고, 2층에서 9층까지가 임대 사무소로 약 1만 명이 근무했다. 이보다 5년 전에 같은 마루노우치에 준공한 일본 최초의 사무용 건물인 7층짜리 도쿄해상빌딩의 3배 이상의 규모로, 마루노우치가 근대적인 비즈니스가로서 진가를 발휘한 것은 바로 이 마루비루가 출현하고서부터라고 한다.

마루비루는 미국의 고층 철골 오피스빌딩을 모델로 하여 설계되었다. 시공주 미쓰비시지소(地所)는 공기를 단축하기 위해 뉴욕과 시카고에서 고층빌딩 건축으로 실적을 올린 미국의 훌러사와 합병회사를 설립, 많은 미국인 스태프를 상주시켜가며 최신 기술로 건설에 도전했다. 그 결과 당시로서는 경이적이라고도 할 수 있는 2년 8개월의 짧은 기간에 공사를 완료했다(도쿄해상빌딩은 4년). 완성 후 얼마 안 있어 관동대지진이 일어났지만 그다지 피해를 입지 않았고 구조활동의 거점이 되었다.

여자가수와 함께 사진에 담긴 후지와라 요시에(藤原義江, 왼쪽). 오사카 레코드점이 발행한 그림엽서. 앞면에 빅터 레코드의 번호가 새겨져 있다. 아버지인 리드는 당시 정상(政商)이던 토머스 글라버(Thomas B. Glover, 영국인으로 원래 무기 상인이지만, 증기기관차의 시승, 도크 건설, 탄광 개발 등 일본 근대화에 이바지한 바가 많다. 미쓰비시의 고문도 맡음-옮긴이)의 심복과도 같은 존재였다고 한다.

1923년(다이쇼 12년) 5월

폭발적인 인기를 얻은 오페라 가수 후지와라 요시에

영국인 네일 리드와 비파 연주자 사카다 기쿠(坂田キク) 사이에 태어난 후지와라 요시에는 1920년(다이쇼 9년) 처음으로 유럽 땅을 밟았다. 각지에서 실력의 쌓으면서 공연을 한 뒤, 이 해 4월에 귀국하여 다음 달 귀국 공연을 했다. 귀국 후 『아사히신문』이 그의 연재기사를 게재하여 커다란 반향을 일으키면서 공연이 기획되었다.

당시 인기 배우 루돌프 발렌티노를 닮았다는 이유로 크게 주목을 받았던 이 테너 가수는 폭발적인 인기를 끌었다. 그 인기는 해외에까지도 번져 하와이와 미국 서해안에서도 독창회가 열렸다. 미국의 빅터사에서도 취입 의뢰가 들어와 그의 목소리는 세계 일류 가수임을 증명, 적판 레코드(도시바EMI,

즉 지금의 EMI뮤직저팬이 발매한 빨간색 레코드-옮긴이)에 수록되었다.

준수한 외모 때문에 수많은 여성들과 염문을 뿌렸지만 "국민의 테너"라 불리며 인기가 식을 줄 몰랐다. 1928년(쇼와 3년) 로열 엘버트 홀(런던) 공연 포스터에도 그의 이름이 실려 있다.

1934년(쇼와 9년) 후지와라극단을 결성, 오페라 진흥에 공헌했다.

라이트의 제자 안토닌 레이먼드(Antonin Raymond, 체코 출신으로 일본 근대 건축의 아버지라고 불림—옮긴이)가 "상업주의에 물들지 않고 건립한 세계 유일의 호텔" 이라고 평했던 데이코쿠(帝國)호텔 라이트관. 객실의 의자며 가구, 식기류까지 라이트가 디자인했다.

명건축가 라이트가 설계한 데이코쿠호텔 완공

훗날 강력한 보존 운동을 불러일으킨 프랭크 로이드 라이트(Frank Lloyd Wright, 미국의 유명 건축가로, 근대 건축의 3대 거장으로 손꼽힘—옮긴이)가 설계한 데이코쿠호텔이 완성되었다. 예정된 개업 피로연은 간토대지진이 일어난 9월 1일. 대지진에도 끄떡이 없어 전설이 되기도 한 호텔이다.

1890년(메이지 23년) 개업한 일본을 대표하는 영빈관적 호텔인 데이코쿠호텔은 새로운 시대에 걸맞은 신관을 계획, 설계를 라이트에게 의뢰했다. 그는 오야이시(大谷石, 도치기현 오야지방의 특산 응회암)와 스크레치 타일로 독특한 건축미를 표현했다.

과도한 예산 초과와 공사 지연으로 라이트가 완공을 보지 못하고 귀국, 발주자인 명지배인 하야시 아이사쿠(林愛作)도 사임하는 등 우여곡절이 있었지만, 마야문명을 떠올리는, 세계에서 유례를 찾아볼 수 없는 디자인의 호텔, 이른바 라이트관이 완성되었다.

라이트는 그 후에도 주택 설계로 세계적인 명성을 날리지만, 호텔 건물은 일본 특유의 습기에 침식되어간다. 응회암인 오야이시는 가공하기 쉬운 이점은 있지만 습기에 약하고 공공건물로서의 안전성을 보장하기 어려운 면이 있다. 결국 라이트관은 1967년(쇼와 42년)에 철거되었고, 현관 부분만 아이치현 이누야마시에 있는 메이지무라(明治村)에 복원되었다.

마루노우치로 피난하는 군중
발 디딜 틈 없이 몰려드는 피난민. 니혼바시와 간다의 맹렬한 화염이 바라다 보인다. 도쿄시에서는 전 가구의 60%에 이르는 30만 호가 전소되었다고 한다.

1923년(다이쇼 12년) 9월

간토대지진으로 수도 괴멸되다

이 해 9월 1일 오전 11시 58분 44초. 사가미만(相模灣)을 진앙지로 하는 진도 7.9의 대지진이 발생, 도쿄·요코하마 등 수도권은 괴멸상태에 빠졌다.

피해를 키운 것은 지진 후의 화재였다. 그 중 가장 비참했던 곳이 혼쇼구(本所區, 지금의 스미다구)의 육군 피복창 터. 6만 6000m²(약 2만 평)의 공터는 피난하기에 적당한 장소였는데 사람이 빽빽이 들어찬 상태에서 불길이 덮치면서 3만 8000여 명이 사망했다. 도쿄의 사망자와 행방불명자의 절반 이상을 차지하는 대참사였다.

또 그런 비상 상황에 "조선인이 불을 지르고 우물에 독약을 넣고 다닌다"는 유언비어가 확산되면서 일본인 자경단이 조선인 6000명을 살해하는 더욱 더 비참한 사건(간토대학살)을 초래했다.

이 대지진으로 천도론이 제기되었지만 정부는 9월 12일, 도쿄를 수도로 재건하겠다는 이례적인 조칙(詔勅, 천황의 의사표시)을 발표하며 천도론을 진정시켰다. 그리고 27일에는 고토 신페이를 총재로 하는 제도부흥원(帝都復興院)을 창설, 고토는 당시 국가예산의 세 배에 가까운 40억 엔이라는 거액의 예산으로 장기적인 계획을 세우려 하지만, 강력한 반발에 부딪혀 재건계획은 대폭 축소되었다.

데이코쿠호텔 부근의 맹렬한 화염
데이코쿠호텔 라이트관의 준공식 개관 기념 피로연을 맞이하기 직전에 대지진이 일어났다. 다행히 호텔은 영업에 지장을 가져올 정도의 피해는 입지 않았고, 집을 잃은 이재민들에게 식사를 제공했다.

섭정궁의 지진 피해지 순시
섭정궁(훗날의 쇼와 천황)이 도쿄시장을 거쳐 대지진 직전에 내무대신에 오른 고토 신페이와 경시총감 등으로부터 우에노의 피해상황에 대한 보고를 받고 있다. 지진이 일어난 다음 날에는 도쿄에 계엄령이 내려졌다.

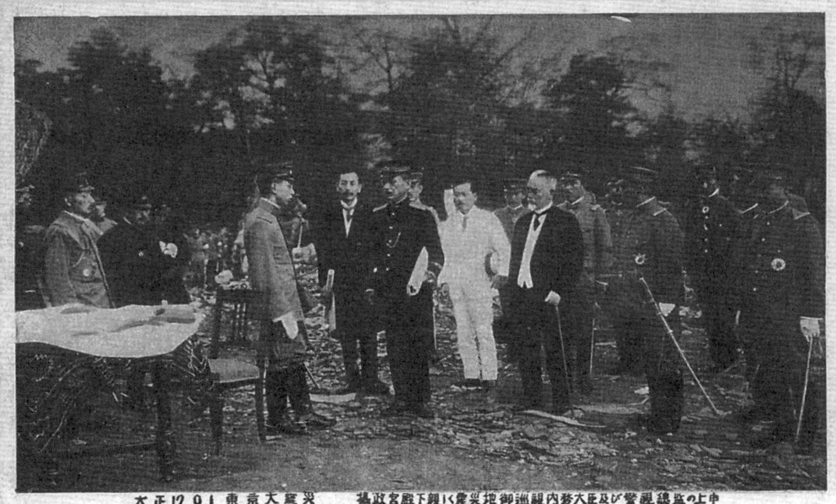

다바타 부근의 피난민

다바타(田端)지구는 도쿄의 중앙부나 남부에 비하면 비교적 피해가 적은 편이었다. 교바시구, 니혼바시구, 아사쿠사구, 혼쇼구, 후카가와구에서는 9할 이상의 가옥이 불에 탔다.

도쿄시 복구의 여정

1930년(쇼와 5년) 3월 24일에 시작된 제도(帝都) 복건을 기념하기 위해 발행된 그림엽서. 지진 직후의 니혼바시 상가의 사진이 실려 있다.

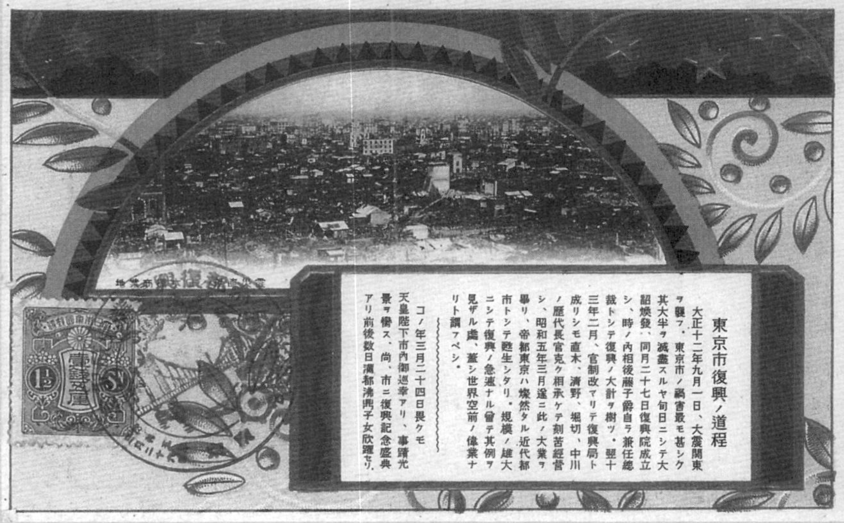

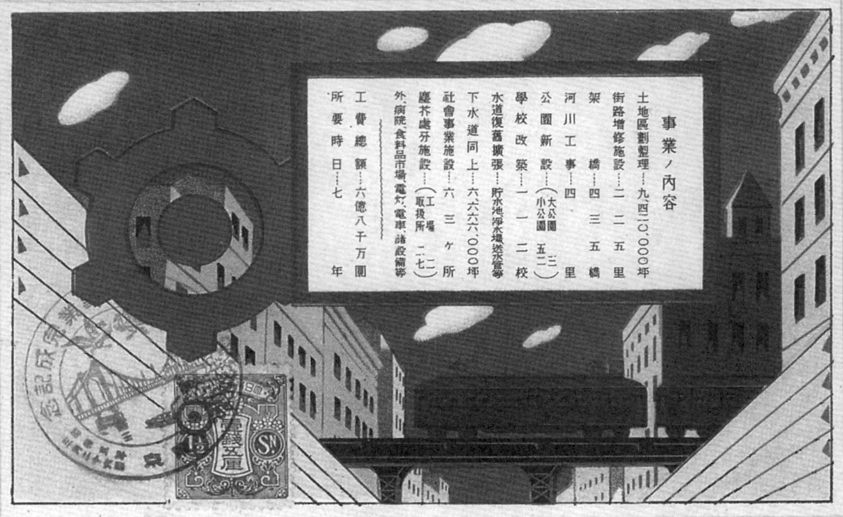

事業ノ内容
土地區劃整理……九、四二三、〇〇〇坪
街路増修施設……二二五里
架橋……四三五橋
河川工事……四里
公園新設……（大公園 三、小公園 五二）
學校改築……一一二校
水道復舊擴張……貯水池淨水場送水管等
下水道同上……六六六、〇〇〇坪
社會事業施設……六三ヶ所
塵芥處分施設……（工場 取扱所 二七二）
外、病院、食料品市場、電灯、電車、諸設備等
工費總額……六億八千万圓
所要時日……七年

복건사업의 내용

마찬가지로 복건을 기념하기 위한 그림엽서. 이 엽서에 실린 복건사업의 내용은 토지구획정리 약 3109ha(942만 평), 가교 435개, 학교 개축 112개 교, 그밖의 공사 총액 6억 8000만 엔 등으로 되어 있다.

진재(震災) 추모관

육군피복창 터는 공원 예정지였는데, 이곳에서 엄청난 수의 사망자를 냈다. 때문에 이들의 넋을 위로하는 뜻에서 이토 추타(伊東忠太)가 설계한 추모관이 건립되었다.

진재 추모관 내부

1930년 9월 1일 신도(神道)식의 낙성식과 불교식의 법요가 거행되었다. 내부에는 지진 당시의 규모를 묘사한 벽화 14점이 전시되었다. 납골당에는 약 6만 명의 희생자가 잠들었다.

쇼와토리

1930년(쇼와 5년)까지 폭 22m 이상의 간선도로가 117km에 걸쳐 건설되었다. 센주(千住)에서 우에노, 아키하바라(秋葉原), 긴자에 이르는 쇼와토리(昭和通り)도 그 중 하나. 명칭은 『도쿄 니치니치신문』이 모집하여 선정한 것이다.

211

복건된 에다이(永代)교

메이지시대의 흔적이 남아 있던 스미다가와(隅田川)의 다리들은 차례차례 근대적인 교량으로 변모했다. 그 대표격이 1926년(다이쇼 15년) 12월에 개통된 에이다이바시. 길이는 185m. 남성적인 중량감이 있다는 평판을 받았다.

요코하마 야마시타공원

도쿄보다 진앙지가 가까웠던 요코하마는 시가지의 90% 이상이 무너지거나 소실되는 괴멸적인 피해를 입었다. 복구과정에서 건물 잔해들이 해안에 매립되었고, 매립지는 야마시타공원으로 정비되었다. 1930년(쇼와 3년) 3월 15일 개원식이 거행되었다.

▌ 6월에 거행된 축하회에서는 니주바시 주변이 불꽃과 오색 서치라이트 불빛으로 물들었다.

전국을 축하 분위기로 물들인 황태자 결혼식

섭정궁 황태자 히로히토 친왕과 구니노미야 나가코(久邇宮良子) 여왕의 결혼이 정식으로 발표된 것은 1919년(다이쇼 8년)의 일이었다. 그러나 가쿠슈인 신체검사에서 요시코 여왕의 오빠 구니노미야 아사아키라(久邇宮朝融)의 색맹 증상이 밝혀져, 이로 인해 원로 야마가타 아리토모 등이 혼약을 파기시키려는 움직임이 일었다. 흔히 말하는 '모종의 궁중 중대사건' 이다.

이를 계기로 궁중과 정계를 둘러싼 암투가 계속되었다. 마침내 궁내성은 변경 의사가 없음을 발표, 결혼식은 간토대지진으로 한때 연기되기도 했지만 이 해 1월 26일에 거행 되었다. 당일은 미야케사카(三宅坂)의 포병진지에서 101발의 축포가 울려퍼졌다.

그러나 축하행사는 지진의 여파로 거듭 연기되었다. 지진으로 인해 실업자가 속출하였고, 전년도 12월에는 섭정관에 대한 발포 사건인 도라노몬(虎ノ門) 사건(난바 다이스케[難波大助]의 단독범행으로 이듬해 사형)이 일어나기도 하여 정세가 불안정 했다. 그래서 축하연은 5월 말에서 6월에 걸쳐 거행되었다. 황제가 거처하는 호메이덴(豊明殿)에서 멘델스존의 「결혼행진곡」이 흐르는 가운데 화려한 축제가 개최되었고, 전국 각지에서 축하행사가 이어졌다. 조선의 경성(지금의 서울)에서도 꽃전차가 운행되었다고 한다.

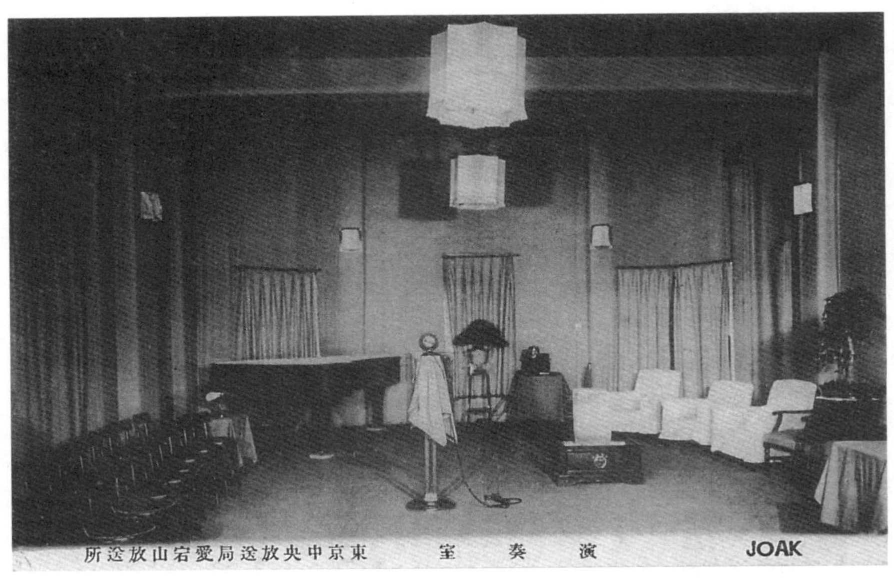

도쿄중앙방송국의 연주실. 중앙에 설치된 커다란 마이크는 미국제였다. 방송국은 아타고야마(愛宕山)공원의 1700㎡(520평) 부지에 현대적인 디자인으로 설계·건설되었다. 현재 그 자리에는 NHK 방송문화연구소와, NHK 방송박물관이 있다.

라디오 방송의 개막

3월 22일 오전 9시 30분, 도쿄의 시바우라(芝浦) 도쿄고등공예학교(지금의 도쿄공업대학) 교내에서 발신한 라디오 임시방송이 "JOAK! JOAK! 여기는 도쿄방송국입니다"라는 말로 시작되었다. 세계 최초의 라디오 방송국이 미국에서 개국된 지 5년 후의 일이다.

처음에는 미국제 전신전화용 송신기를 방송용으로 개조해서 한 방송이었는데, 같은 해 7월 12일부터 아타고야마공원에 설치된 도쿄중앙방속국의 본 방송이 개시된다. 전파를 가능한 한 멀리 보내기 위해서는 높은 지대에 방송국을 세워야 했기 때문에 아타고야마가 선정된 것이다.

본 방송 개시 첫날의 방송은 먼저 일기예보를 시작으로 「기미가요(君が代)」 연주, 고토 신페이 도쿄방송국 총재의 인사, 다시 취주악과 전통음악 프로그램, 라디오극 등으로 편성되었다. 편성표를 공중목욕탕이나 이발소 등 사람들의 출입이 많은 곳에 붙여 놓았다고 한다.

그 뒤 오사카나 나고야에서도 개국. 그 방송국들이 합병되어 일본방송협회가 설립된 1926년(다이쇼 15년) 8월에는 청취계약 수가 33만 건을 돌파, 라디오는 급속하게 보급되어 갔다.

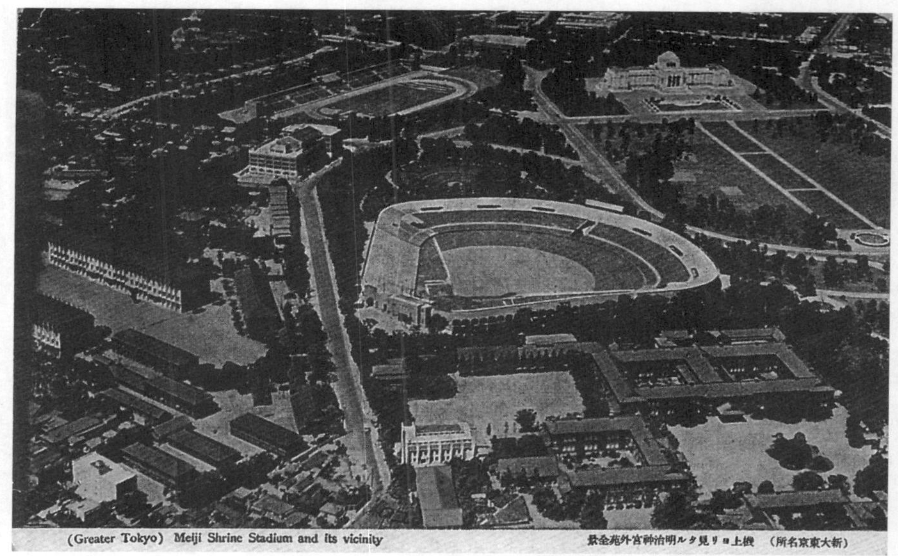

48만m²(약 14만 6000평)의 광대한 부지에 펼쳐진 신궁 가이엔(外苑). 이 해 10월 22일 가이엔 전체가 완성되어 섭
정궁(훗날의 쇼와 천황) 출석 아래 봉헌식이 거행되었다. 확장된 후의 야구장에는 6개 대학 시합에 7만 명의 군중이
몰려든 날도 있었다.

광대한 부지에 펼쳐진 메이지신궁 가이엔

메이지신궁이 완성되었을 때 그 각서에 이미 아오야마연병장 터를 가이엔으로 건설한다는 취지의 글이 기록되어 있었다. 메이지 천황의 사적(事跡)과 인덕을 자자손손 기리기 위해 계획된 것이다.

시설은 여러 방면을 두루 망라했다. 천황·황후의 사적을 유명 화가가 그린 대벽화 80점으로 꾸민 성덕(聖德)기념회화관을 중심으로 야구장과 경기장 등의 스포츠 시설, 일본청년관, 헌법기념관의 이전 등이 기획되었다. 녹지와 문화·스포츠 시설을 제공하는 등 가능한 한 많은 사람에게 개방하여 나이엔(內苑)과 가이엔이 자연스럽게 신궁을 구성할 수 있도록 한다는 창건 취지에 따른 것이다.

그런데 이러한 시설 가운데 쇼와 초기에 사람들이 가장 많이 붐빈 곳은 신궁 구장이었다(고라쿠엔[後樂園]구장이 완성된 것은 1937년[쇼와 12년]).

바로 앞 해에 도쿄 6개 대학에 야구부가 창설되어, 이 해 10월 22일 신궁 구장에서 최초의 6개 대학 야구 리그전인 메이지 - 호세이 대학전이 벌어져 관중이 초만원을 이루었다. 1929년(쇼와 4년)에는 천황이 관람하는 소케이센(早慶戰, 와세다와 게이오 대학의 시합—옮긴이)이 열리는 등 인기가 높아 2년 뒤에는 야구장을 확장했다.

1926년(다이쇼 15년) 12월

다이쇼 천황 사망하다

하야마(葉山)관저에서 요양을 하고 있던 천황의 병세를 궁내성이 발표한 것은 이 해 12월 15일. 그러고 나서 10일 뒤 오전 1시 25분 천황은 사망했다.

다이쇼 천황이 탄생한 것은 1879년(메이지 12년) 8월 31일. 메이지 천황의 세 번째 왕자로 모친은 야나기하라 나루코(柳原愛子). 향년 47세였다.

다이쇼는 황태자 시절부터 자주 전국을 순행했다. 태어나서부터 병치레가 잦아 건강회복과 지리·역사에 대한 견학이 목적이었다고 한다. 순행을 떠나기 직전에 자작(子爵)인 구조 미치타카(九條道孝)의 4녀 사다코(節子)와 결혼했는데, 그에게 많은 도움이 되었다.

열심히 순행을 하면서 황태자는 인간미가 넘치는 모습을 보여주어, 항간에 (메이지) 천황과는 크게 다른 황태자 상이 점차 확산되었다.

천황에 즉위한 뒤에도 순행을 계속했지만 황태자 시절과는 달리 자신의 모습을 국민들에게 직접 드러내지 않았다.

그러나 천황이라는 지위와 격무가 부담이 되어 자주 병상에 눕게 된다. 병세에 대한 최초 발표는 1920년(다이쇼 9년) 3월. 3개월 뒤에는 원로 중 한 사람인 마쓰카타 마사요시(松方正義)가 섭정을 제의했다.

大正四年十一月　奉祝御大典花電車

고다이텐 봉축식

고쿄의 마장(馬場, 군마를 키우는 곳) 터에 설치된 대형 봉축문(그림엽서에 '꽃전차'로 되어 있은 것은 잘못). 1914년(다이쇼 3년) 4월에 메이지 천황비 하루코(美子)가 병사했기 때문에 고다이텐(御大典, 다이텐[大典]은 중대한 의식을 일컫는데 여기에서는 즉위식을 말함—옮긴이)은 1년 간 연기되었다.

은혼식 기념 궁성 앞 봉축 제등행렬

구조 사다코(사다아키[貞明] 황후)와 성대한 결혼식을 거행한 것은 1900년(메이지 33년) 5월 10일. 그 25주년이 되는 1925년(다이쇼 4년) 5월에 축하행사가 열렸다. 궁성 내 호메이덴(豊明殿)에서는 황태자와 각료들이 출석한 가운데 오찬회가 열렸으나 천황·황후의 모습은 보이지 않았다. 천황의 건강이 악화되었기 때문이다.

宮城前奉祝提灯行列　（奉祝銀婚式記念）

은혼식 당일 니주바시 앞의 봉축문
천황·황후의 은혼식을 축하하러 모인 사람들. 아울러 천황의 쾌유를 빌러 오기도 했을 것이다.

장례행렬과 천황의 꽃상여
대상(大喪)은 1927년(쇼와 2년) 2월 7일, 도쿄 신주쿠 교엔(御苑)의 장례식장에서 거행되었다. 그림엽서의 사진은 흰 비단으로 덮인 상여가 다마릉(多摩陵)으로 행진하는 장면. 알현하려는 사람들이 몰려 8일 오전 0시까지 사망 1명, 부상자 431명이 나왔다.

陵　御　摩　多　（陵御摩多川淺藏武皇天正大）

다마릉

최초로 도쿄에 능묘가 선정되었다. 1월에는 정식으로 '다마(多摩)릉'으로 명명되었다. 2월 8일 능의 의식에는 약 3만 명이 참석. 혹한의 날씨에도 둘째 아들인 지치부미야(秩父宮)가 외투를 입지 않은 모습이 신문에 보도되었다.

데이메이(貞明) 황후

후작(侯爵) 구조 미치타카(천황과 딸이 결혼 전에는 자작(子爵)이었음. 일본 화족(華族)의 순위는 (公爵·侯爵·伯爵·子爵·男爵—옮긴이)의 4녀 사다코. 다이쇼 천황이 요시히토(嘉仁) 친왕 시절이던 1900년(메이지 33년)에 결혼식을 올리고 3명의 아들을 낳았다. 훗날의 쇼와 천황, 지치부미야, 다카마쓰미야(高松宮)가 그들이다. 그림엽서는 젊은 시절의 모습.

10전짜리 백동전를 투입하면 곧바로 회전하는 '턴 스타일'(자동개찰구)이 인기를 끌었다. 1939년(쇼와 14년)에 지하철은 시부야까지 연장되었다.

일본 최초의 지하철 개통

일본 최초의 지하철이 1927년 12월 30일 개통되었다. 첫날에는 5만 4850명, 이틀 뒤인 정월 초하룻날에는 9만 1330명, 개통 후 10일 동안 하루 평균 이용자 수는 5만 5606명을 기록하여 『도쿄지하철도사(東京地下鐵道史)』에는 "고작 10리 정도의 전철로 하루 10만 명의 승객을 흡수할 수 있었다는 것은 경이로운 일이라고 할 수밖에 없으며, 일본에서 철도가 개통된 이래 최대 기록이었다고 할 수 있다"고 적혀 있다. 당초 예상 이용자 수는 넉넉잡아 2만 7000명이었다.

실제 개통 당시 우에노역에서는 우에노공원 아래부터 히로코지까지 줄을 섰고, 지하철을 타는 데만 한 시간 이상이 걸렸다고 한다. 지하철은 커다란 호기심의 대상이었다.

실업가인 하야카와 노리쓰구(早川德次)는 1914년(다이쇼 3년) 33세 때 구미를 유람하면서 런던의 지하철을 타본 뒤 지하철 사업에 주목했고, 2년 뒤 귀국하여 곧바로 조사에 착수했다. 그러고 나서 1920년(다이쇼 9년)에 도쿄지하철주식회사를 설립, 자신은 전무가 되어 개발에 전념한다.

당시의 시내 교통의 주역은 노면전차로 "도쿄 명물 만원전차… 파이노파이노파이(엔카가수 소에다 사쓰키[添田さつき]가 작사하여 다쇼시대 크게 유행한 코믹송—옮긴이)"라고 노래를 부를 정도였는데, 그런 교통사정의 개선하기 위해서 지하철 개발에 착수한 것이다.

시신덴(紫宸殿, 교토에 있는 옛 궁전의 중앙에 있는 방—옮긴이)에 있는 검은 옻칠로 장식한 천황의 옥좌인 다카미쿠라(高御座)를 배경으로 한 천황·황후의 그림엽서.

천황 히로히토의 즉위식 거행

병약한 천황을 받들어 1912년(다이쇼 10년)부터 섭정을 해오던 만 25세의 황태자 히로히토 친왕이 다이쇼 천황의 사망으로 제124대 천황에 즉위했다. 원호는 겐카(元化), 도와(同和), 쇼와(昭和)가 거론되었는데 내각회의에서 쇼와(昭和)로 결정, 최종적으로 추밀원의 자문에 의해 선정되었다.

즉위 대례는 다이쇼 천황이 사망한 2년 뒤인 이 해 11월 10일에 교토 고쇼에서 거행되었다.

대례는 대규모 행사였다. 이 날 오전에는 다나카 기이치(田中儀一) 수상을 비롯해 상층 계급 약 2300명 앞에서 가시코도코로오마에노기(賢所大前の儀, 즉위식에서 천황 자신이 신전에 즉위를 알리는 의식)를 올리고 오후에는 국민에게 즉위를 선포하는 시신덴의 의식이 열렸다. 의식 중 가장 중요한 다이죠사이(大嘗祭)는 14일과 15일 이틀에 걸쳐 거행되었다.

그 전 고쿄에서 도쿄역으로 향하는 로보(鹵簿, 천황의 행렬)에 10만 명을 넘는 인파가 모였고, 교토역에서 고쇼까지의 로보에는 60만 명의 인파가 몰려들었다. 전국 각지에서 축하행사가 이어졌다. 그만큼 새 천황에게 거는 기대가 컸기 때문이었으리라.

그렇지만 이 해 장쭤린(張作霖)이 탄 기차를 폭탄테러하는 사건이 일어났고, 군부의 폭주가 시작되었다.

간이보험국 옥상에서 라디오 체조를 실연하는 직원들. 간이보험국은 전국의 체신국에 통지문을 보내 각 통신국 관내에서의 라디오 체조 보급 활동을 추진했다. 라디오 체조의 원조격인 뉴욕은 이미 소멸했지만 일본에서는 지금까지도 계속되고 있다. 근면한 국민성의 한 단면을 볼 수 있다.

1928년(쇼와 3년) 11월
라디오 체조를 보급한 보험회사

1916년(다이쇼 5년)에 창설된 체신성 간이보험국의 이노쿠마 사다하루(猪熊貞治) 감독과장은 그로부터 7년 뒤 구미 시찰을 갔을 때, 뉴욕의 메트로폴리탄보험이 라디오 체조를 계획하고 있음을 알고 귀국 후에 "생명보험회사 사업을 위해 특기할 만한 사항"이라고 보고했다.

그 계획은 1925년(다이쇼 14년) 3월에 실시된다. 같은 간이보험국의 신토 세이치(進藤誠一) 기획과장도 체조를 실제로 체험, 일본에서도 라디오 체조를 실시해야 한다고 제언했다.

간이보험국은 국민의 복지증진을 목적으로 하고 있어, 라디오 체조를 통해 국민이 건강해지고 수명이 연장되면 간이보험국 사업의 목적에도 딱 들어맞을 것이라고 생각했다.

그렇게 하여 간이보험국은 각 방면의 협력을 얻어 천황 즉위식 기념사업의 일환으로 이 해 11월 1일 오전 7시 도쿄방송국을 통해 라디오 체조(별명은 국민보건체조) 방송을 내보냈다. 당초에는 부정기적이었으나 11월 15일 이후는 일요일과 공휴일을 제외하고 매일 아침 방송했다.

간이보험국의 열성적인 선전활동도 한몫을 해 라디오 체조에 대한 일반의 관심이 고조되면서 이듬해 2월 12일부터는 전국 방송으로 확대되었다.

『동트기 전(夜明け前)』제2부가 출판된 해에 일본 펜클럽이 창립되어 시마자키 도손(島崎藤村)이 회장으로 취임했다. 1943년(쇼와 18년) 8월 71세로 생을 마감했다.

1929년(쇼와 4년) 4월

시마자키 도손의 대작, 『동트기 전』 연재

시마자키 도손이 대작 『동트기 전』의 연재를 이 해 4월 발행한 『중앙공론』에 연재하기 시작하여, 최종적으로 1935년(쇼와 10년)에 간행했다. "기소지(木曾路, 나카센도의 일부, 별칭은 기소가도―옮긴이)는 모두 산 속으로만 이어져 있다"는 유명한 문구로 시작, 자신의 생가와 기소마고메(木曾馬籠)의 옛 숙장촌(宿場村, 에도시대 가도의 요충지에 있던 것으로 여행자의 숙박·휴식을 위한 숙소나 주막, 마굿간이 있었다―옮긴이)을 무대로, 문명개화를 비판하는 과격한 언동 끝에 감옥에서 미쳐 죽은 아버지를 모델로 삼아 서민의 눈으로 메이지유신을 묘사했다.

도손은 22세 때 짚신을 신고 마치 에도시대의 시성(詩聖) 마쓰오 바쇼(松尾芭蕉)처럼 간사이지방으로 방랑여행을 떠난다. 이 여행이 청년기 도손의 문학적 사고에 커다란 영향을 미쳤다. 그 후 센다이와 고모로

(小諸)에서 교사로 근무, 피차별부락(被差別部落, 부락 문제란 직접적으로는 에도시대의 에타[穢多]나 히닌[非人] 등 천민신분에서 유래한 일본의 특정 혈통에 대한 차별을 말한다. 차별 대상이 된 부락을 피차별부락이라 칭함―옮긴이) 출신 청년 교사의 고뇌를 묘사한 『파계(破戒)』로 작가의 반열에 오른다. 이 때가 1906년(메이지 39년), 이후 자연주의 문학의 확립에 크게 공헌했다.

그 후 도손은 프랑스 여행을 떠난다. 햇수로 4년. 거의 파리에서만 지냈다. 그 경험이 오히려 망향에 대한 상념을 불러일으킨다. 그는 기행문 『에뜨랑제(エトランゼェ)』에서 "나는 일본 없이는 하루도 살 수 없었다"고 썼다. 근대의 일본인으로서 자기 자신을 응시하려는 상념이 『동트기 전』으로 결실을 맺었는지도 모른다.

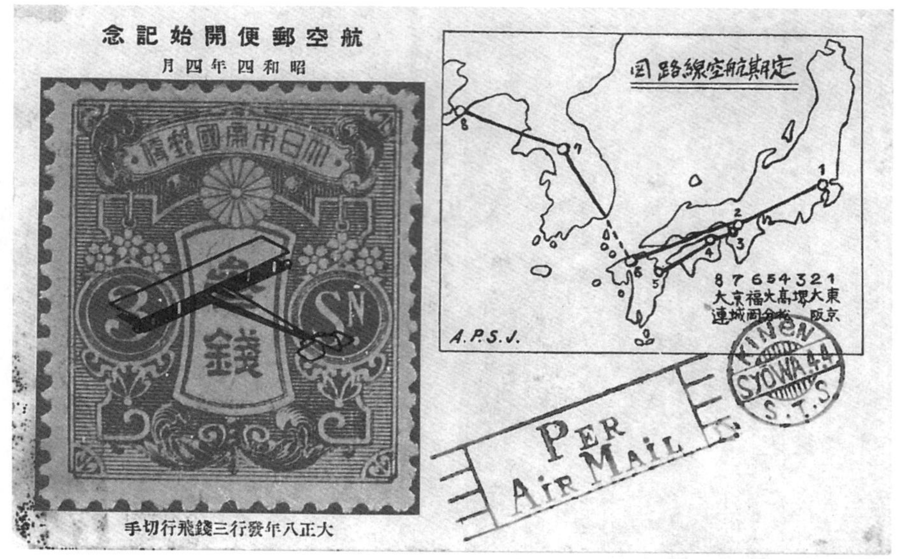

항공우편제도 개시를 기념하여 발행한 그림엽서. 왼쪽에는 비행우편이 시행되었을 당시 유통된 우표의 그림이 배치되어 있다. 제도가 확립되고 나서부터는 편지는 15전, 엽서는 7전의 별도 요금이 필요했다.

1929년(쇼와 4년) 4월

항공우편제도의 시작

세계에서 처음으로 항공우편이 시작된 것은 1916년(다이쇼 5년) 런던과 파리 구간. 그로부터 3년 뒤 일본에서도 도쿄 - 오사카 간의 항공우편이 시행되었다. 당시 도쿄 - 오사카 간 특급열차의 소요시간은 편도 약 12시간. 최초의 항공우편에 배속된 3대의 비행기 평균 왕복시간이 6시간 50분으로 가히 경이적인 속도라 할 수 있었다.

그 뒤 몇 차례인가 비행우편이 시행되었는데 특별요금은 가산되지 않았다. 우편물 표면에 빨간 글씨로 '비행' 이라고 써놓기만 하면 되었다. 그런데 왜 요금이 특별요금이 붙지 않은 보통요금이었을까? 당시는 비행기나 날씨의 상황에 따라서 운항이 되지 않는 경우도 있었고, 그러다 보니 빨리 배달된다는 보장이 없었기 때문이다.

항공우편제도가 확립된 것은 1929년(쇼와 4년) 4월로 일본항공수송주식회사에 의해 먼저 도쿄 - 오사카 - 후쿠오카 간에 실시되었다. 첫날은 후쿠오카에서만 운항했는데, 도쿄와 오사카는 날씨가 좋지 않아 일찌감치 결항. 오후에 날씨가 회복되면서 출발했다.

이에 맞추어 전용우편함이 도쿄 시내에 80개, 오사카 시내에 35개, 후쿠오카 시내에 2개가 설치되었다. 신속하게 배달되는 우편임을 나타내기 위해 보통의 우편함보다 가늘고 긴 날렵한 모습이었다.

도쿄 시정회관의 일부로 개관. 네오고딕풍 양식으로, 정성 들여 제작된 타일로 꾸민 외관이 웅장하고 화려한 분위기를 자아냈다. 좌석은 2740석. 1936년(쇼와 11년)에 열린 스와 네지코(諏訪根自子)의 독주회는 입장객이 "약 4000명으로 공회당 개관 이래 초만원"이라고 보도되었다.

1929년(쇼와 4년) 10월

음악 · 예능의 전당, 히비야공화당의 개관

야스다재벌의 창시자 야스다 젠지로(安田善次郎)는 구두쇠라고 알려졌는데 고토 신페이 도쿄시장의 공회당 건설계획에 동감하여 당시로는 파격적인 350만 엔을 기부, 히비야공원의 한 편에 공회당을 건설하는 데 힘을 실어주었다(그러나 야스다는 1921년[다이쇼 10년] 우익 낭인에게 암살된다).

공회당은 건축가 8명의 현상모집을 거쳐 와세다대학 교수인 사토 고이치(佐藤功一)가 설계했다. 간토대지진이 난 후 얼마 지나지 않아 공사를 시작했기 때문에 미국에서 수입한 소나무 말뚝 2200개를 박아 기초를 단단히 다졌고, 외관도 명건축으로 평판이 자자했다.

개관은 10월 20일. 오전 · 오후는 아동들을 위한 모임, 밤에는 음악회로 종일 개관을 했다. 그 이후로도 자주 이용되어 전전(戰前)에 가장 많이 이용한 해는 1942년(쇼와 17년)의 471건. 내역을 보면 음악회 197회(클래식은 159건), 연극 및 공연 81건, 강연회는 50건 등이었다.

그 중에서도 두드러진 것이 클래식 음악회이다. 짐발리스트(Efrem Zimbalist)나 샬리아핀(Fyodor Ivanovich Chaliapin) 같은 저명한 음악가가 무대에 섰다. 압권은 천재 소녀 바이올리니스트 스와 네지코의 벨기에 유학 송별 연주회로 초만원의 청중을 매료시켰다.

단나(丹那)터널을 달리는 초특급 '쓰바메' (제비라는 뜻). 그림엽서는 탄생 1년 뒤 차량 뒤칸에 연결시킨 전망차의 모습. 단나터널이 1934년(쇼와 9년) 12월 개통됨으로써 도쿄 - 고베 간은 20분이 더 단축되었다.

1930년(쇼와 5년) 10월

최고 시속 90km의 초특급 열차 '쓰바메' 개통

그때까지 도쿄 - 고베 구간은 특급편 '사쿠라' 나 '후지' 로 약 11시간 20분이 걸렸는데, 이 해 10월 1일부터 운행된 '쓰바메' 는 단숨에 2시간 20분을 단축, 9시간 만에 주파했다. 최고 시속 90km로 주행, 그 경이적인 속도 때문에 '초특급' 이라 불렸다.

당시 일본 국유철도는 불황과 자동차 보급으로 실적이 부진한 상태였다. 그런 부진을 타개하기 위해 세간의 주목을 끌 만한 사업이 필요로 했다. 그러던 차에 운수국 운전과장 유키 고키(結城弘毅)는 "도쿄 - 오사카를 논스톱으로 주행하면 어떨까?" 하는 생각을 하게 된다. 이것이 쓰바메 탄생의 발단이다.

기존의 레일에서 그 동안 운행해오던 특급의 속도를 시속 35km 더 올려 주행하면 위험이 뒤따르리라 예상되었지만 과감하게 실행에 옮기기로 했다. 그것이 가능했던 것은, 브레이크가 진공식에서 공기식으로 바뀌었고, 자동신호기의 도입 등 안전 면에서 보완되었기 때문이다. 역의 정차시간을 줄이기 위해 증기기관차에 보급할 물을 특제 수조차와 연결하여 공급하는 등 다양한 방법들이 고안되었다.

시승을 한 쇼치쿠 가마타(松竹蒲田)는 스타급 여배우 "어머! 대단해요. 이 새로운 시대 감각!" 이라고 감탄했다고 한다.

'하네다국제비행장'으로 표기된 그림엽서. 처음에는 도쿄 - 오사카 - 후쿠오카 - 다롄이 주항로였는데 1934년(쇼와 9년) 도쿄 - 도야마선, 그 2년 뒤에는 도쿄 - 니가타선, 그리고 그 이듬해에는 도쿄 - 삿포로선이 개설되는 등 항공망이 확산되었다.

1931년(쇼와 6년) 8월

하네다공항 개항

이 해 8월 25일 오전 7시 30분, 도쿄 하네다에 개설된 도쿄비행장에서 제1편기가 다롄을 향해 이륙했다. 승객은 다롄에 거주하는 일본인들에게 보내는 방울벌레와 청귀뚜라미 6000마리였다.

그때까지 민간항공은 다치카와(立川)육군비행장을 이용했다. 예를 들면 1929년(쇼와 4년) 7월 15일, 일본 최초의 정기여객편 1번기(국영인 일본항공운수)가 승객 6명과 승무원 2명을 태우고 다치카와에서 오사카의 기즈가와(木津川)비행장으로 비행했다.

그러나 다치카와는 도심에서 멀리 떨어져 있었고, 육군과 공용으로 사용했기 때문에 불편이 많았다. 따라서 민간전용 비행장이 절실했고, 여러 조건을 두루 갖춘 하네다가 공항 건설의 최적지였다.

하네다공항, 정확하게 말하면 도쿄비행장(사람들은 하네다공항이라고도 하고 도쿄국제공항이라고도 했다)은 활주로가 하나였는데, 개항 7년 뒤에 두 개가 추가된다. 일본항공운수뿐 아니라 각 신문사나 일본비행학교 등이 격납고로 이용하기도 해서 하나만으로는 부족했던 것이다.

또한 1937년(쇼와 12년)에는 비행기에 대한 일반인들의 불안을 해소하기 위해 다섯 명의 에어 걸(훗날의 스튜어디스)이 채용되어 한층 이목을 끌었다.

다카사키(高崎) 방면의 도아이구치(土合口)에서 본 시미즈(淸水)터널. 여러 지질에 맞는 공법을 이용하여 난공사를 극복했다.

동양 최고 길이 시미즈터널의 개통

도쿄 - 니가타 구간을 보통열차는 5시간, 급행열차는 3시간 반을 단축했다는 이유로 당시 신문들이 '교통의 대혁명'이라 보도한 시미즈터널이 1931년(쇼와 6년) 9월 1일 개통되었다. 길이 9702m로 동양에서 가장 긴 터널이다.

공사는 다카사키 방면의 도아이구치가 1922년(다이쇼 11년)부터, 니가타 방면인 도타루구치(土樽口)는 이듬해부터 시작되었다. 일본 최초의 대형 터널이었기 때문에 육군성의 협조 하에 육군 조병창의 다이너마이트가 사용되었다. 원료인 니트로글리세린이 동결되면서 폭발을 일으키거나, 그 대용인 액체산소가 원인불명의 폭발을 일으키는 등 많은 희생자를 내면서 9년여의 세월을 거쳐 완성된 것이다.

시미즈터널을 처음으로 통과한 것은 8월 31일 오후 8시 38분, 니가타발 만원열차. 『도쿄 니치니치신문』에 의하면 터널 통과 시간인 1일 오전 1시 14분, 심야임에도 전무차장이 "여러분 터널입니다. 연장 6마일, 동양 최고 그리고 세계에서 아홉 번째"라고 안내했다고 한다. 기사는 "자고 있던 노파까지 벌떡 일어나서 창가를 내다보았다"고 보도했다.

장식의 극치를 이룬 교쇼노마(魚樵の間). 기둥에는 중국의 '어초문대(漁樵問對)' (북송의 유학자 소강절(邵康節) 의 『황극경세서(皇極經世書)』에 나오는 어부와 나무꾼의 문답을 통해 성리학의 요체를 드러낸 이야기로, 군자 의 도리를 논함—옮긴이)의 한 장면을 새겨놓았다.

1931년(쇼와 6년) 11월

쇼와의 용궁, 메구로 가조엔 개업하다

1889년(메이지 22년) 이시카와현에서 태어난 호소카와 리키조(細川力藏)는 공중목욕 탕, 부동산업 등 여러 사업을 벌이면서 사회적 신용과 재산을 축적하고는, 1928년(쇼와 3 년) 도쿄 시바우라의 저택을 개축하여 요정 시바 가조엔(芝雅敍園)을 개업했다.

그리고 3년 뒤 11월 일본 요리와 베이징 요리를 전문으로 하는 요정 메구로 가조엔(目 黑雅敍園)을 연다. 그 뒤 결혼식장과 대욕장 등을 증설하는 한편 광대한 부지와 녹지를 살린 종래에는 볼 수 없던 복합시설을 조성한다.

메구로 가조엔의 특색은 그러한 복합성도 복합성이지만 무엇보다도 일본 미술의 극치 를 보여준 내부 장식에 있었다. 그림엽서에는 "우리가 자랑하는 3대 명소, 후지산, 닛코, 가조엔" 이라고 묘사되어 있는데 이는 과대광고가 아니라 사실 그대로였다.

당대 일류의 일본화가와 세공사, 옻칠공예사, 정원사, 목수들에 의한 건축미의 그 현 란함 때문에 언제부터인가 사람들 사이에 "쇼와의 용궁"이란 애칭으로 불리게 되었다. 그 인기는 하루의 행사 건수 최고 기록이 116건이나 되었다는 데서도 알 수 있다. 메구 로 가조엔은 내장을 살리면서 전면 개축, 1991년(헤이세이 3년)부터 호텔 영업을 시작 했다.

GAJOEN, MEGURO, TOKYO.　　（目黒雅叙園）　　鏑木淸方画伯堊毫の淸方莊

가나라키 기요카타(鏑木淸方)의 그림으로 장식한 기요카타소(淸方莊)
교쇼노마와 함께 국가 등록 유형문화재 '햐쿠단카이단(百段階段)' 시설의 일부로 남아 있다.

우시와카노마(牛若之間)
'우시와카마루(牛若丸) 구라마야마(鞍馬山) 수행의 장' (우시와카마루란, 무사들 간의 세력다툼인 겐페이전쟁에서 혁혁한 공을 세웠으면서도 가마쿠라막부를 세울 때 형인 요리도모에게 살해당한 비운의 무사 미나모토 요시쓰네(源義經)의 어릴 적 이름—옮긴이)과 '야마타노오로치(夜叉の大蛇)'를 퇴치한 스사노우노미코토(須佐之男命)' (일본 신화에 등장하는 신의 하나—옮긴이)를 직경 1척 8촌의 노송나무 기둥에 조각으로 표현. 천장과 난간에는 오다케 지쿠하(尾竹竹坡)의 원그림에 의한 히로시게(廣重)의 '도카이도 53차' 의 그림이 조각으로 묘사되어 있다.

GAJOEN, MEGURO, TOKYO,　　（目黒雅叙園）　　牛若之間

GAJOEN, MEGURO, TOKYO,　（目黒雅叙園）　四號館二階廊下の偉容

4호관 2층 복도의 위용

메구로 가조엔의 특색 중 하나는 기다란 복도의 천장과 벽을 그림으로 장식하여, 손님들에게 지루함을 주지 않는 것이다.

정원

메구로 가조엔은 메구로가와(目黒川) 근처의 산림과 갈대밭 등을 일구어 건설했다. 부지는 약 6만㎡(1만 6000평)에 이르고, 베이징 요리, 일본 요리, 서양 요리, 나가사키 요리 등을 제공했으며, 결혼식장 네 개를 갖추었다.

GAJOEN, MEGURO, TOKYO,　（目黒雅叙園）　庭　園　（一）

영정은 왼쪽에서부터 에시타 다케지(江下武二), 기타카와 조(北川丞), 사쿠 에이노스케(作江伊之助). 이들의 동상을 1934년(쇼와 9년) 도쿄 시바의 세이쇼지(靑松寺)에 건립하고, 유골 가루를 동상 밑에 묻었다. 그들의 영웅적 행동은 요리나 두발의 형태, 그림연극과 소학교의 운동회 등 실로 폭넓게 반영되었다.

1932년(쇼와 7년) 2월

육탄 3용사, 상하이에서 산화

이 해 2월 22일 새벽, 육탄 3용사가 상하이에서 산화했다. 그림엽서의 해설에 따르면 상하이의 먀오싱진(廟行鎭)을 공격했을 때 "에시타 다케지, 기타카와 조, 사쿠 에이노스케 세 용사는 자기 몸에 불붙인 폭탄을 메고 철조망을 향해 뛰쳐나가 대폭음과 함께 산산조각이 나면서 몸으로 철조망을 폭파하고 아군의 돌격로를 열었다"고 한다. 그들의 희생으로 일본군은 중국군 진지를 점령할 수 있었다고 한다.

대장인 마쓰시타 대위는 「오사카 마이니치신문」에 "1초 1각을 다툴 때 눈물을 머금고 결사대를 모집했습니다"라고 말했다.

자신의 몸에 폭탄을 달고 자폭한 그들의 행위는 순식간에 신문에 보도되었고, 애국적인 행동은 일본열도를 눈물바다로 만든 군국 미담이 되었다. 한편 군부에 의해 전의를 부추기는 데도 이용되었다.

영화로 만들려는 움직임과 함께, 가부키좌가 정규 공연 프로그램을 변경하여 세 용사에 대한 극을 상연하려 한다는 것도 보도되었다. 입원 중이던 오가미 기쿠고로(尾上菊五郎)는 「도쿄 니치니치신문」을 읽고 감명을 받아, 병 따위로 죽는다는 게 죄스럽다고 생각하고 연극 무대에 올리려고 했다고 한다. 시인인 요사노 뎃칸(寫謝野鐵幹)도 감격해 신문의 「폭탄 세 용사의 노래」에 자발적으로 응모, 최우수작으로 뽑혔다.

만주국의 중추가 된 신징(新京)의 국무원. 수상에 해당하는 국무원(행정 담당) 장관인 국무총리에는 푸이(溥儀)의 측근이, 또 국무원의 하부조직 여덟 개 부서의 장관에도 만주의 실력자가 앉았으나 실권은 일본이 쥐고 있었다.

관동군의 계략으로 건국된 만주국

러일전쟁 뒤 만철 업무가 개시되자 선로 주변에 군을 배치할 수 있는 권리를 얻은 일본은 1919년(다이쇼 8년) 그 권리를 기반으로 관동군을 발족시켰다(관동이란 일본이 조차지로 삼았던 중국의 랴오뚱반도 남부의 관동주에서 유래). 그 이후 관동군은 엄청난 세력으로 성장했고 1928년(쇼와 3년) 만주의 실력자 장쭤린을 폭살시키고, 다시 3년 뒤 만주사변을 계기로 만주 전역에 대한 침공을 본격화했다.

한편 괴뢰정권 수립을 위한 준비에 착수, 이 해 3월 9일 청나라 최후의 황제인 아이신쥐러(愛新覺羅) 푸이(溥儀)를 집정으로 세우고 만주국 건국을 선포했다.

인구 3400만 명의 새 나라는 덕으로 나라를 다스리고 안락한 땅을 실현한다는 의미에서 "왕도낙토(王道樂土)"를 슬로건으로 내걸고 세워졌으나 실은 관동군이 만주국을 통해 만주 전역을 실질적으로 지배하려는 데 있었다. 실제 만주국은 일본으로서는 외국이었으나 여권 없이 드나들 수 있었다.

수도로는 창춘(長春)이 선정되었고, 신징으로 이름을 바꾸었다. 그때까지 만주의 중심지는 펑텐이었지만 남쪽에 자리하고 있다는 점, 또 중국인 유력자가 많다는 점을 고려하여 중앙에 위치한 창춘으로 정했다.

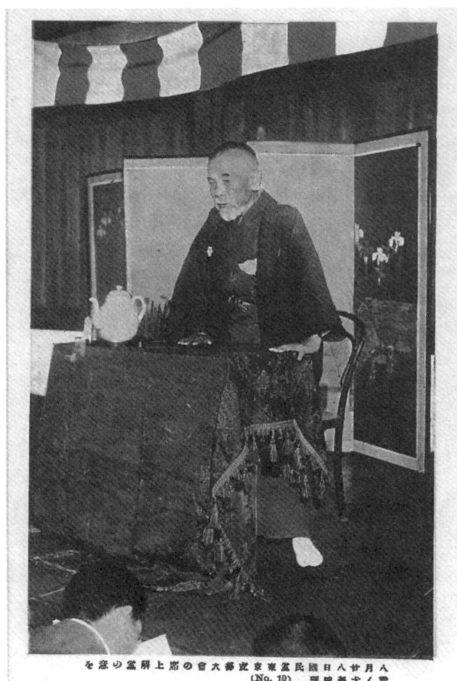

1932년(쇼와 7년) 5월

이누카이 수상의 암살

1930년(쇼와 5년) 11월 하마구치 오사치(浜口雄幸) 수상이 우익 청년에게 저격을 당해 이듬해 8월에 사망한 9개월 뒤, 이번에는 이누카이 쓰요시(犬養毅) 수상이 나가타초의 수상관저에서 암살되었다. 습격을 한 자들은 해군 중위와 육군사관 후보생 9명이었다. 불황, 실업, 그리고 농촌에 파멸적인 타격을 가져다준 사회적 정체 현상에 청년 장교와 농촌 출신자들이 현상 타개를 요구하며 일어선 것이다. 배후에는 혈맹단의 암약이 있었다. 이 해에 들어 이미 전 대장성장관 이노우에 준노스케(井上準之助)와 미쓰이재벌의 총수 단 다쿠마(團琢磨)를 암살한 바 있었다.

이누카이는 76세의 고령으로 수상에 취임했다. 만주사변으로 총사직한 제2차 와카쓰키 레이지로(若槻禮次郎) 내각의 뒤를 이은 것이다. 어려운 사회상황 속에서 원로인 사이온지 긴모치(西園寺公望)와 합의 끝에 승낙을 했다. 원래부터 의지가 강한 정치가였는데 수상에 취임한 사정을 보더라도 그의 성격을 엿볼 수가 있다. 습격을 당했을 때 상대에게 "이야기를 들어보면 알아!"라고 했다는 유명한 이야기가 있다.

그런데 이 사건은 일본의 정당 내각이 막을 내리는 계기가 되었다. 군부의 발언권이 한층 강화되고, 사회는 한층 혼미 속으로 빠져들었다. 이누카이의 뒤를 이은 전 해군대장 사이토 마코토(齋藤實)도 훗날 2·26 사건으로 암살되었다.

도쿄시의 발족은 1889년(메이지 22년). 기존의 15개 구가 도쿄시로 되었다. 그 림엽서는 슈후노토모사(主婦の友社) 발행. 무코지마구(向島區)가 데라시마구(寺島區), 아라카와구가 미가파시마(三河島區), 아타치구(足立區)가 센주구(千住區), 도요치마구(豊島區)가 스가모구(菓鳥區)로 정식 결정되기 전의 명칭으로 기록되어 있다.

세계 제2의 도시, '대도쿄'의 탄생

간토대지진의 영향 등으로 도쿄시 15구에서 주변의 군으로 이주하는 사람들이 갈수록 늘어 도쿄시에서 근무하는 상당수의 사람들이 도쿄시 외곽 주민이라는 현상이 나타났다.

그러자 다양한 도시 문제 해결을 위해 군(郡)의 합병이 요구되었다. 따라서 도쿄시는 인접 5개 군, 82개 정촌(町村)을 합병하여, 새롭게 20구가 추가된 합계 39구의 '대도쿄'가 탄생했다. 15개 구가 확정된 1878년(메이지 11년) 이래의 수도 대개혁이었다.

그 결과, 면적은 7배나 늘어났고 인구는 550만 명에 이르렀다. 인구로는 뉴욕에 이어 세계 2위, 면적에서는 로스앤젤레스, 상하이, 베를린, 뉴욕에 이어 다섯 번째의 대도시가 되었다.

그 와중에 구 이름을 세다가야 지구(地區)는 다마가와구로, 아라카와 지구는 가와쿠치시마구로 할 것을 주장하여 마찰을 일으키기도 했고, 구청을 유치하기 위해 연일 각지에서 지역민 대회며 연설회 등이 열리기도 했다. 그렇지만 새롭게 탄생한 구에서는 낮에는 깃발 행렬로, 밤에는 제등행렬로 축하행사를 했다.

그러나 구청장의 권한은 적었고, 도쿄시장이 임명하도록 되어 있었다. 또한 도쿄시로 편입됨에 따라 정촌(町村)은 기존의 과세권이나 채권발행권을 상실했다.

산악 호텔 제1호이기도 한 가미코치 데이코쿠호텔. 그림엽서에서는 '가미코치호텔(神高地ホテル)'로 표기되어 있다. 당초는 가미코치(上高地)의 옛 명칭인 가미코치(神高地)가 사용되었다. 현재 영업을 하고 있는 호텔은 같은 설계로 개축, 1977년(쇼와 52년) 9월에 영업을 재개한 것.

호텔 붐을 일으킨 가마코치 데이코쿠호텔

일본 최초의 외국인 관광객 유치기관인 기힌카이(喜賓會)가 시부사와 에이이치와 미쓰이재벌의 마스이 다카시(益井孝)의 발의에 의해 설립된 것은 1892년(메이지 26년) 3월. 그 뒤, 이 조직은 1912년(메이지 45년) 3월 창립한 JTB(Japan Tourist Bureau)로 계승되었는데, 이후 외국인 관광객을 적극 유치하여 관광 진흥을 꾀하려는 움직임이 정부 내에서도 일어나 1930년(쇼와 5년) 4월에 국제관광국이 창설되었다.

그렇게 탄생한 국제관광국이 무엇보다 신경을 쓴 것은 관광호텔의 신설이었다. 관광국은 대장성에서 저리의 융자를 받아 호텔 신설을 지원했다. 그 결과 이 해 10월에 개업한 가미코치 데이코쿠호텔을 시작으로 1940년(쇼와 15년) 6월까지 15개의 호텔이 융자를 받아 개업을 했으며 호텔 붐을 가져왔다.

그런데 융자 제1호 가미코치 데이코쿠호텔은 가미코치가 신문사 주최의 '신일본 8경(八景)' 투표에 선정되면서 지역에서 호텔 건설에 대한 목소리들이 터져나왔고, 나가노현이 건설과 운영을 데이코쿠호텔에 위탁하기로 함으로써 탄생되었다.

그러나 일본 근대 등산의 아버지 월터 웨스턴은 가미코치에 호텔이 생긴 것을 알고 크게 낙담했다고 한다.

마쓰시마 파크호텔

미야기현 지사 데라다 히로유키(寺田裕之)가 명승지인 마쓰시마(松島)를 외국인들에게 소개하기 위해 계획. 사찰과 신사 건축의 권위자인 세키노 데이(關野貞)의 협조을 얻어 체코의 건축가 얀 렛셀(Jan Letzel)이 일본·서양 절충 양식으로 설계했다. 1913년(다이쇼 2년)에 개업했는데 1938년(쇼와 13년)에는 대장성의 저리융자를 받아 신관 뉴파크호텔도 개장했다.

외국인 여행자들을 위한 호텔 사업에 뛰어들다

1894년(메이지 27년)에 발표된 시가 시게타카(志賀重昻)의 『일본풍경론(日本風景論)』이 베스트셀러가 되자, 일본의 풍광을 새롭게 보기 시작한 것과 외국인에게 일본 관광 자원의 풍부함을 인정받은 것도 근대적인 특질의 하나였다.

그래서 진취적인 정신이 넘치는 사람들이 외국인 여행자들을 받아들일 시설, 즉 호텔 사업에 뛰어든다. 재빨리 리조트 호텔을 창업한 가네야 젠이치로(金谷善一郎)나 야마구치 센노스케(山口仙之助), 사토 만페이(佐藤万平)와 같은 사람들이다.

또 도시에서 호텔은 외국인을 맞이하는 시설로서 필수불가결한 존재였다. 일본풍 객실만 있는 료칸은, 아무리 이국적인 정취에 관심이 있는 외국인일지라도 장기 체류하기에는 어려움이 있었다.

한편 현대적인 호텔은 상류계급을 지향하는 일본인을 끌어모았다. 봉사료 외에 찻값이란 명목의 요금을 추가로 요구하는 전근대적인 료칸의 불분명한 계산방식을 싫어해 호텔을 선호하는 사람도 늘어갔다.

1935년(쇼와 10년) 4월에는 일본 최초의 공인 직업학교인 도쿄 YMCA 국제호텔전문학교가 도쿄기독교청년회에 의해 문을 열었다.

센다이호텔

센다이 시내에서 하타고(旅籠, 료칸보다는 급이 낮은 숙박업소로 우리나라의 여인숙과 비슷한 곳—옮긴이)를 운영하던 15대 오이즈미 우메지로(大泉梅次郎)는 철도가 개통되자 재빨리 역 앞에 토지를 확보, 1896년(메이지 29년) 센다이호텔을 개업했다. 뒤편의 커다란 건물은 1905년(메이지 38년) 완성.

닛코 가네야호텔

가네야 젠이치로(金谷善一郎)가 제임스 햅번 박사(Dr. James Cirtis Hepburn, 미국의 의료선교사로 일본에서 일영사전을 처음 편찬하고, 성서 보급에 노력함—옮긴이)의 진언을 받아들여 1873년(메이지 6년)에 창업. 앞쪽이 1893년(메이지 26년)에 건축한 본관(현존). 닛코의 전차회사 설립에 관여했고, 유람용 자동차 회사를 운영하는 등 지역발전에도 공헌했다.

호텔 뉴그랜드

요코하마의 그랜드호텔이 간토대지진으로 무너지자 지역의 정·재계가 요코하마에는 호텔이 없어서는 안 된다고 판단, 일치 협력하여 1927년(쇼와 2년)에 개업한 호텔. 항해 도중 일본에 들른 외국 여객선 여행자들은 이 호텔에 여장을 풀었다.

가마쿠라(鎌倉) 가이힝인(海浜院)호텔

원래는 히젠(肥前) 오무라번의 의사 집안에서 태어난 나가요 센사이(長寫專齋)가 1887년(메이지 20년)에 문을 연 요양소(Sanatorium). 최첨단의 설비를 갖추었는데 영업부진으로 2년 뒤에 호텔로 바뀌었다. 훗날 조사이어 콘더(Josiah Conder)에 의해 증축되었다.

후지야호텔

야마구치 센노스케가 후쿠자와 유키치의 조언으로 1878년(메이지 11년)에 개업했다고 한다. 고객의 한 사람인 바실 헐 체임벌린(Basil Hall Chamberlain, 저명한 영국 출신 일본 연구가의 한 사람으로 도쿄제국대학 교수를 역임－옮긴이)은 호텔 근처에 서고를 두었을 정도. 닛코가네야호텔과 함께 일본 전통장식이 일품이다.

가루이자와 만페이호텔

하타고를 경영하던 사토 만페이(佐藤阡)가 1894년(메이지 27년)에 창업. 피서지로서의 가루이자와 역사의 산 증인이 된다. 그림엽서는 1936년(쇼와 11년) 완성된 현재의 본관 앞에 있는 건물.

나가라가와(長良川)호텔

기후시(岐阜市)가 계획하여 1933년(쇼와 8년)에 완공. 5월부터 10월까지 우카이(鵜飼い, 여름 강 위에 배를 띄워 횃불을 켜고 가마우지를 이용해 은어 등을 잡는 방법. 특히 기후현 나가라가와의 우카이가 유명하다—옮긴이)를 구경할 수 있어 호평을 받았다. 오른쪽이 본관이고 왼쪽이 별관인 아방궁. 아방궁에서는 동양적 취향을 한껏 살려 중국인이 만든 베이징 요리도 제공했다.

미야코(都)호텔의 당구장과 술집

외국인 관광객이 증가할 것을 예상하고, 청년 실업가인 니시무라 진베(西村仁兵衛)가 교토 게아게(蹴上)에 1900년(메이지 33년) 창업. 증축을 거듭하면서 발전했다.

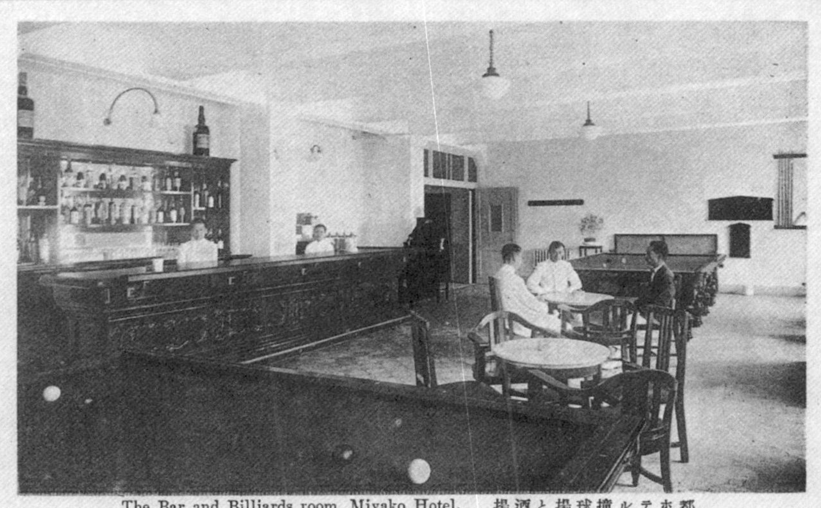

KOSHIEN HOTEL—FROM THE LAKE ■ 甲子園ホテル—池ヨリ見ル

고시엔(甲子園)호텔
한신전철회사의 지역개발에 의해 탄생. 데이코쿠호텔 라이트관을 탄생시킨 하야시 아이사쿠(林愛作)와 라이트의 애제자인 엔도 신(遠藤新)의 합작으로 1930년(쇼와 5년)에 개업. 오사카와 고베에 가까이에 위치하면서 도회지풍 리조트의 정취를 물씬 풍겼다. 지금은 무코가와(武庫川)여자대학 캠퍼스 시설로 되어 있다.

도쿄 YMCA 국제호텔전문학교
1929년(쇼와 4년) 준공한 도쿄기독교청년회관. 도쿄YMCA는 1880년(메이지 13년)에 설립되었다. 호텔학교는 이 건물 내에서 개교. 국제친선과 일본 문화 소개에 공헌하기 위해 호텔 맨 양성에 힘썼다.

초토화된 하코다테(函館). 당일은 풍속이 22m로 기록되었는데, 순간풍속이 40m를 넘는 맹렬한 바람이 불었다고 한다.

1934년(쇼와 9년) 3월

화재로 인해 초토화된 하코다테

하코다테는 바람이 강한 지역이어서 그런지 큰불이 자주 발생하는 곳으로 알려져 있다. 메이지·다이쇼를 통해서 500호 이상의 가옥이 불탄 대화재가 14차례나 일어났는데, 이 해 3월 21일 스미요시초(住吉町)의 민가에서 발화한 불길은 때마침 불어온 강풍으로 온통 불바다를 이루었고, 역대 최대의 화재가 발생했다.

당시의 신문은 "불똥은 시가지 전체를 뒤덮어 수많은 피난민들이 우왕좌왕 몰려다니는 모습은 차마 눈뜨고 볼 수 없었다"(『주가이상업신문(中外商業新聞)』), "아무것도 건지지 못하고 옷만 걸친 채 이리 뛰고 저리 뛰는 모습은 너무 처절해서 차마 사람 사는 세상이라고는 생각할 수가 없는 상태"(『도쿄 아사히신문』)라고 보도했다.

대화재는 14시간 만에 진화되었지만 시가지 중심의 번화가 등이 초토화되어 가옥 소실 2만 4천여 호, 사망자 2054명, 행방불명자 662명, 부상자 약 1만 2600명(나중에 111명이 사망)이라는 막대한 피해를 냈다.

사망자와 행방불명자가 많이 나온 원인 중 하나는 해안으로 도망친 사람들이 커다란 파도에 휩쓸리거나, 다리가 불이 붙어 강으로 추락하면서 익사와 동사(凍死)로 목숨을 잃은 사람들도 있었기 때문이라고 한다.

하코다테는 대화재 이후 새로운 도시계획을 세워 대상 지역 429만m²의 17%를 거리와 도로 부지로 책정했다.

나고야 시청사, 도쿄 데이호박물관(東京帝寶博物館) 등과 마찬가지로 제관(帝冠)양식으로 건설된 군인회관(지금의 구단회관, 九段會館). 1937년(쇼와 12년) 4월 3일 만주국 황제 푸이의 동생 아이신줴뤄(愛新覺羅) 푸카이(溥傑)와 후작 사가 사네토(嵯峨實勝)의 장녀 고(活)의 결혼피로연이 열렸다.

1934년(쇼와 9년) 3월
제관양식의 대표격인 군인회관 준공

쇼와시대에 접어들면서 제관양식이라는 건축물이 서서히 확산되어간다. 특징을 한 마디로 말하면, 서양 건축물에 기와지붕을 얹은 형태. 어원은 서양 위에 대일본제국의 관(冠)을 올린다는 데서 기인했다고 하는데, 그 대표작이라 할 수 있는 건물이 도쿄 구단시타(九段下)에 완성되었다. 군인회관이다.

발주원은 제국재향군인회. 발상은 전국 각지에 있던 퇴역군인의 단체가 통합·결성된 것으로 만주사변 이후에는 군부를 대신하여 천황기관설(天皇機關說, 메이지헌법 해석에서 주권은 국가에 있으며 천황은 법인인 국가의 최고기관이라는 학설. 도쿄대 교수 미노베 다쓰키치[美濃部達吉]가 주장했는데 국체에 반하는 학설이라는 이유로 비판을 받았다—옮긴이)을 배척한 국체명징 운동의 추진조직이 되었다.

그런데 당시의 안내에는 "300만 재향군인 회원들이 수양하는 전당이자 심신을 요양하는 곳이며 사회 공익상으로 공헌하기 위해 건설"했다고 설명되어 있다. 시설물은 대강당, 사교실, 오락실, 대여실, 식당, 다방, 이발관, 재향군인회 회장실, 숙박용 객실 53실, 옥상에는 호국 신사며 야스쿠니신사의 임시 봉안전 등 온갖 시설이 다 갖추어져 있었다.

1936년(쇼와 11년) 2·26 사건이 일어난 다음날 오전 3시 50분에 계엄령이 포고되어 군인회관에 계엄사령부가 설치되었다. 계엄사령부 간판을 내린 것은 140여 일 뒤의 일이다.

Bird's-eye view of the Sanno Hotel, Tokyo.　　　　　　山王ホテル全景(新館及日本館ヲ含ム)

인공 눈(雪)을 연구해 일본 최초로 인공 눈을 만든 저온 물리학자 나카야 우기치로(中谷宇吉郎)의 숙부인 나카다니 다모쓰(保)가 개업한 산노호텔. 전후에는 1983년(쇼와 58년) 폐쇄되기까지 연합국 점령군 및 미군에 오랫동안 접수되었다. 그야말로 일본 근현대사의 목격자였다.

1936년(쇼와 11년) 2월

2·26사건의 주무대가 된 산노호텔

이 해 2월 26일 새벽, 한없이 퍼붓는 눈 속에서 약 1500명의 군인이 봉기해 정부 요인 세 사람을 살해하고 부대원들은 도심 중앙인 나가타초에 있는 산노(山王)호텔과 요정 고라쿠(幸樂) 등에서 농성한다. 그들은 혁명을 일으키려 했지만 천황의 명령에 의해 '반란군'으로 지목되었다.

사건의 주무대가 된 산노호텔은 기이하게도 5·15 사건이 일어난 1932년(쇼와 7년)에 개업했다. 지하에 아이스스케이트장이 있는 독특한 호텔이다.

고노 시카사(河野司)의 『2·26사건비화(二·二六事件秘話)』에 웨이트리스 이토 요코(伊藤葉子)의 증언이 실려 있다. 증언에 따르면 처음에는 소속 부대에서 식량이 보급되었는데 반란군으로 간주되면서 식량 보급이 끊겼다고 한다.

또 호텔의 식당과 술집에 남아 있던 과일, 술, 과자 등은 군인들이 자신들의 주머니를 털어 사먹었다고 증언하기도 했다.

결국 반란군은 저 유명한 "병사들에게 고한다"라는 라디오방송을 계기로 귀순했지만, 주모자의 한 사람인 안도 데루조(安藤輝三) 대위는 호텔 앞에 병사들을 집합시켜 군가를 부르게 한 후 자결을 기도했다. 그때 이토는 안도 대위의 피묻은 하얀 멜빵을 보관했다고 한다.

500명의 의원을 수용하는 중의원 회의장. '헌정의 신'으로 불린 오자키 유키오(尾崎行雄)는 "이렇게 훌륭한 의사당을 지었지만 여기 들어가는 의원들은 과연?" 하고 걱정했다고 한다.

50년만에 완공된 국회의사당

국회의사당, 당시의 정식 명칭인 제국의회 의사당이 이 해 11월 7일 약 2800명의 정·관계 관계자가 출석한 가운데 낙성식을 거행했다.

이 새로운 의사당은 1918년(다이쇼 7년)에 디자인을 공모하여 180점이 응모를 했는데, 그 중에서 궁내성의 기술직으로 있던 와타나베 후쿠조(渡邊福三)의 안이 선정되었고, 거기에 대장성 임시 의원건축국의 기술직인 오쿠마 요시쿠니(大熊喜邦)가 손질을 해 설계도가 완성되었다([원형 돔을 설치한 와타나베의 안은 현재의 것보다 약간 고전적인 색채가 강하고 중앙에는 하후(坡風)일본 건축에서 합각머리에 대는 삼각형의 장식판, 또는 그것이 붙어 있는 부분—옮긴이]

를 배치, 전통의상 차림의 인물 군상을 묘사한 디자인이었다).

임시 의사당에서 제1회 제국의회가 소집된 것은 1890년(메이지 23년). 그 후 세 차례의 임시 의사당 건설을 거쳐 약 50년 만에 완공된 것이다.

새 의사당의 건설에는 부득이한 경우를 제외하고는 모두 국산품을 사용하는 방침을 관철시켰다. 예를 들면 철근·철골은 야하타제철소가 생산한 것이며, 24종의 목재는 전국 각지에서 모았다. 대리석도 당시에는 거의 대부분이 이탈리아에서 수입한 것이었는데 국내에서 37종이나 되는 대리석을 모아들였다.

아사히신문사는 이 해 정월 초하룻날 "아시아 - 유럽 횡단 기록 대비행" 이라는 사고(社告)를 게재했다. 그림엽서는 이때 발행된 것으로 보인다. 가미카제(神風)호는 미쓰비시중공업에 발주한 시제품격의 정찰기였는데 일본의 항공기 산업 기술은 높은 평가를 받았다.

도쿄 - 일본 간 공전의 비행시간을 남긴 가미카제호

아사히신문사에 소속된 조종사 이누마 마사아키(飯沼正明)와 기관사 쓰카코시 겐지(塚越 賢爾)가 탄 가미카제호는 도쿄 - 런던을 94시간 17분 56초에 비행하는 대기록을 달성하였다. 이 쾌거로 일본뿐 아니라 전 세계가 들끓었다(순수 비행시간은 약 51시간 여).

당시 프랑스 항공청은 파리 - 도쿄 간을 100시간 이내에 비행할 수 있는 사람에게 현상금을 걸었다. 이에 도전하는 형태로 아사히신문사는 "아시아 - 유럽 횡단 기록 대비행" 이라는 이름을 내걸고, 이 두 사람에게 야망을 실현하도록 했다.

한 신문사가 제기한 이 사업은 점차 전국적으로 관심이 넓어졌다. 비행기의 이름이며 응원가 가사, 예상 비행시간 공모에 수많은 응모작이 답지했다. 아사히신문사는 이러한 분위기에 편승해 각지에서 지역 단위 혹은 학교 단위로 성공 기원제를 열었다. 유명 사찰이나 신사에서도 성공 기원 법회를 열었다.

반가운 뉴스가 드물던 시대적 상황에서 꿈을 심어주는 사업이었기 때문일 것이다. 가미카제호는 사회현상이 된 것이다. 그들이 귀국한 뒤 긴자에서는 퍼레이드도 거행되었다. 이 쾌거에 감격한 일본의 대표적 시인인 기타하라 하쿠슈(北原白秋)는 두 사람을 칭송하는 노래의 작사를 맡았는가 하면 도이 반스이(土井晩翠)도 시집을 낼 정도였다.

제2차 상하이사변으로 피해를 입은 케세이호텔(지금의 허핑[和平]반점)의 입구 주변. '지나사변' 이라는 단어는 일본 측의 표현. 처음에는 '북지[北支]사변' 으로 불렸는데 전투가 확대되자, 9월 2일 내각회의에서 '지나사변' 으로 바꾸어 불렀다.

1937년(쇼와 12년) 7월

지나사변이 중일전쟁으로

이 해 7월 7일 밤, 베이핑(北平, 지금의 베이징)의 서남쪽 6km의 거리에 있는 루거우차요(盧構橋) 일각에서 총성이 울리면서 지나사변이 발발하여, 중국과 일본은 전면 전쟁에 돌입했다.

애당초 일본은 현지의 주둔군에 해결을 위임했지만 중국이 거부하자 일본도 강경한 태도로 바뀌었다. 같은 달 27일 일본 본토의 3개 사단 파견을 결정, 돌이킬 수 없는 사태로 치달았다.

한편 예전에 일본 군벌과 함께 중국공산당과 싸운 적이 있는 장제스(蔣介石)도 항일 노선을 내세우며 상하이에서 일본군에게 타격을 가하려고 했다. 그 결과 8월 13일에 제2차 상하이사변이 일어났다(제1차는 5년 전에 있었다).

이 사변에서 일본군은 고전하긴 했지만 3개월 뒤에 승리를 거두었다. 그리고 다시 난징(南京)으로 진격, 훗날 커다란 문제가 된 '난징대학살' 사건을 일으킨다.

처참한 전투였지만 당시에는 대학살에 대한 보도가 없었다. 따라서 국내에서는 전승 분위기에 휩싸여 전국적으로 제등행렬이며 깃발 행진이 열렸다. 또 이 시기를 전후로 각 백화점은 육군과 해군의 후원을 얻어 전리품이며 현장사진, 전몰자의 유품 등을 전시하는 '자니사변전람회' 를 개최하기도 했다.

▌ 대량의 토사가 흘러들어온 고베시 중심부의 참상. 사망자는 최종적으로 900명 이상에 이르렀다.

1938년(쇼와 13년) 7월

900명 이상의 사망자를 낸 한신대수해

이 해 6월 6일부터 7월 3일까지 28일 동안 해가 얼굴을 내민 날은 고작 5일로, 연일 비가 퍼부어댄 고베시와 주변 일대는 롯코산의 지형적 영향까지 겹쳐 좀처럼 보기 드문 대수해를 입었다.

3일 저녁 무렵부터 호우가 내린 이 지역은, 4일 아침 여기저기서 절벽 붕괴와 침수 피해가 잇달았다. 그리고 5일 오전 8시 40분 고베 누노비키(布引)수원지 둑이 무너지면서 삽시간에 고베시 절반을 황톳물이 덮쳤다. 중심부의 산노미야역은 1.5m의 침수 피해를 입었다.

이 한신대수해는 결국 1천 수백여 곳의 산사태를 일으켰고, 막대한 양의 토사와 나무들이 시가지로 흘러들었다. 7월 7일자 『도

쿄 니치니치신문』은 오사카산림국 담당자의 의미심장한 담화를 실었다.

"도대체 이것이 간사이문화의 중심지에서 일어난 사건이라 생각이나 할 수 있겠는가? 실로 문명의 치욕이다. 우리 삼림 관계자들은 예전부터 기회 있을 때마다 앞다투어 롯코의 수재에 대해 발표해왔는데 세상 사람들은 너무나 무관심했다." 물은 저절로 거칠어지는 법이 없다. 사람들이 범람을 하게 만든다는 발언도 했다. 이 대수해는 택지 조성에 따른 최초의 도시 재해였다.

전장 16m의 닛폰호. 친선대사인 오하라 다케오(大原武夫)를 비롯해 나카오 스미토시(中尾純利) 이하 5명의 승무원이 탑승했다. 기체 동결 방지를 위해 습도가 낮은 상공 6000m를 비행할 때는 "산소 부족으로 전원이 살아 있다고 생각할 수 없을 정도의 험난한 비행 중"이라는 무전도 있었다.

1939년(쇼와 14년) 10월

세계일주 비행을 달성한 닛폰호

아사히신문사의 가미카제호가 도쿄 - 유럽 간 비행 대기록을 수립한 2년 뒤, 이번에는 『오사카 마이니치신문』과 『도쿄니치니치신문』이 닛폰호로 세계일주 비행이라는 대사업에 도전했다.

사용된 비행기는 미쓰비시식 쌍발수송기로 일본의 순수 국산 비행기. 당시 일본의 항공과학 및 항공산업 기술의 정수를 한 데 모은 비행기였다.

133만 통의 응모로 뽑은 닛폰호는 8월 27일 3만 명의 성대한 전송을 받으며 도쿄 하네다를 출발하여 알래스카, 미국 내륙, 아프리카, 유럽, 중동, 아시아를 거쳐서 10월 20일 도쿄에 도착했다. 5만 2860km의 대장정이었다. 도중 재류 일본인들의 위문과 여러 나라들과의 우호친선이라는 목적도 수행했는데, 이탈리아의 무솔리니 수상으로부터 훈장을 받기도 했다.

도쿄 히비야공원에서 열린 축하회에서는 육군대장을 거쳐 수상이 된 아베 노부유키(阿部信行)도 축사를 했다. 미국 대사도 "인간의 지식을 풍요롭게 했고 상업비행의 안전성을 증진시키는 데 크게 기여했다"고 평했다. 신문사에서는 취재를 위해 비행기를 활용하기 시작했는데 가미카제호와 함께 일본 국산기의 우수성을 과시할 수 있는 쾌거를 이루었다.

'팔굉일우(八紘一宇)' (전 세계를 하나의 집으로 한다는 것. 일본의 해외침략을 정당화하기 위한 제2차 세계대전 당시의 표어—옮긴이)와 '사해환희(四海歡喜)'를 테마로 한 다섯 대의 꽃전차가 신주쿠에서 미타(三田)까지 운행되었다. 고쿄 앞 식장에는 이틀 동안 10만 명의 군중이 모였다. 이 해 도쿄올림픽도 개최될 예정이었으나 중일전쟁이 격화되면서 정부는 2년 전에 개최를 반납했다.

1940년(쇼와 15년) 11월

기원 2600년 축하 분위기로 물든 일본

1872년(메이지 5년) 11월 정부는 『니혼쇼키(日本書紀)』에 기록된 진무천황이 가시와라궁에서 즉위한 해인, 서력 기원전 660년을 기원 원년으로 정하고, 양력에 맞추어 2월 11일을 진무 천황이 즉위한 날로 제정, 기원절이라고 부르기로 결정했다.

제1대 천황인 진무 천황 즉위는 신화상의 이야기에 지나지 않지만, 기원절을 제정한 이후 68년이 지난 이 해 11월 10일부터 며칠 동안 일본은 온통 기원 2600년 축하 분위기로 들떠 있었다. 고쿄 앞의 행사장에는 3개월에 걸쳐 만든 옛 귀족 저택풍의 식전이 꾸려졌고, 천황과 황후가 참석한 10일과 11일의 축하행사에는 각각 약 5만 명의 인파가 운집했다.

거리는 봉축 분위기가 넘쳐흘렀고 미코시(제례 때 신체나 신위를 실은 가마—옮긴이)가 잇달아 나오고 꽃전차가 운행되기도 했다. 야간에는 제등행렬이 길게 이어졌다.

그러나 이 화려한 축복의 날은 다분히 작위적이었다. 2년 전 5월, 국가 총동원령이 시행되어 모든 자원이 국가의 통제 하에 놓였다. 기원 2600년 식전 3개월 전에는 도쿄 시내에 "일본인이라면 사치를 하면 안 돼!"라는 간판이 세워졌다. 축하 분위기는 사람들의 마음을 하나로 모으기 위함이었다.

다이쇼 천황 은혼식 봉축
1925년(다이쇼 14년) 5월 10일에 운행한 꽃전차 '기미가요'. 이밖에 '등나무에 창포(藤に菖蒲)'며 '목단에 나비(牧丹に蝶)', '송죽매(松竹梅)' 등의 이름을 달고 운행되었다. 당시 다이쇼 천황은 요양 중이었는데 고쿄 앞에는 수많은 사람들이 모여들었다.

꽃전차, 제국의 수도를 물들이다

1904년(메이지 37년) 9월 1일, 일본군이 만주의 고도(古都) 랴오닝(遼陽)을 일부 점령하자, 그 다음날에는 도쿄전차철도가 전등으로 장식한 전차를 운행했다. 차체를 빨간색·파란색·하얀색 전등으로 꾸미고 지붕에는 수많은 깃발을 단 전차는 승전 분위기를 한층 고조시켰다.

그런데 이 전등으로 장식한 전차는 처음에는 장식전차로 불리다가 마침내는 '꽃전차'라는 호칭으로 일반화되면서 인기를 독차지했다. 최초로 창업한 도쿄전차철도, 그리고 도쿄시가철도와 도쿄전기철도가 기념행사 개최에 맞추어 경쟁적으로 꽃전차를 운행했다.

예를 들면 앞에 언급한 랴오닝 일부 점령을 기념한 이후, 이듬해에는 도고 대장 개선기념과 영국 함대 환영기념 등, 그리고 그 이듬해에는 미국 귀빈 환영기념, 그리고 다시 그 이듬해에는 도쿄권업박람회 기념과 같은 식의 다양한 명목으로 매년 꽃전차가 제국의 수도 도쿄에 모습을 드러냈다.

그런데 앞의 세 회사는 1911년(메이지 44년) 공영화되어 이른바 시전(市電, 훗날 도전[都電])으로 되었다. 그 2년 뒤에 지붕이 없는 전차를 도입했고 장식도 한층 화려하게 꾸몄다.

圖　　　　花　　　（車電花の日當祝奉婚成御下殿宮東）

도구(東宮) 전하 성혼 봉축

도쿄시가 1924년(다이쇼 13년) 6월 5일에 '성혼 봉축' 축전을 주최했을 때의 꽃전차 '하나조노(花園)', '스에히로(末廣)', '반자이라쿠(万歲樂)'. 조선의 경성에서도 꽃전차가 운행되었다. 아래쪽은 '스에히로(末廣)'와 '반자이라쿠(萬歲樂)'.

樂　歲　萬　廣　末　　　（車電花の日當祝奉婚成御下殿宮東）

만주국 황제 폐하 방문 봉축

만주국 황제 푸이가 일본 해군 전함 히에이(比叡) 편으로 1935년(쇼와 10년) 4월 6일 일본을 방문했을 때 운행된 꽃전차.

음악 꽃자동차

간토대지진 후의 제국수도 복구사업이 완성된 1930년(쇼와 5년)에 복건축제가 개최되었다. 그때 꽃전차가 아닌 꽃자동차를 운행하였고, 음악을 울리며 재건을 축하했다.

祝　奉　車電花祝奉　（念記祝奉年百六千二元紀）

기원 2600년 봉축

1940년(쇼와 15년) 11월에 개최된 기원 2600년 축전의 일환으로 운행한 꽃전차. 선두의 '봉축' 과 맨 마지막의 '사해환희(四海歡喜)' (전부 다섯 대). 전자는 히노마루 모양으로 물들인 제등을 가득 달아놓았고, 중앙에 황위의 상징인 3종의 신기 중 하나인↓

야타노카가미(八咫鏡, 3종의 신기 중에서 거울—옮긴이)를 본뜬 장식을 배치해놓았다. 후자는 일본 · 만주 · 조선 어린이들의 모습을 한 인형 6개가 히노마루기를 흔들며 만세를 부르는 구조로 꾸며놓았다. 만주와 조선도 천황의 지배하에 있음을 암시하고 있다.

喜歡海四　車電花祝奉　（念記祝奉年百六千二元紀）

쇼치쿠영화가 1943년(쇼와 18년) 2월에 공개한 「전쟁의 도시(戰ひの街)」의 선전용 그림엽서. 한가운데가 리코란(李香蘭). 그녀는 반생(半生) 회고록에서 일극(日劇) 소동은 다음날 신문을 보고 처음 알았다고 했다.

1941년(쇼와 16년) 2월

최고의 인기 여배우, 리코란

이 해 2월 11일 도쿄 유라쿠초의 니혼극장 주변은 무척 소란스러웠다. 이 날 "노래하는 리코란" 공연을 보기 위해 군중이 몰려든 것이다. 흔히 말하는 '일극 7회 반 사건'(리코란이 일본 공연을 할 때 원형으로 되어 있던 니혼극장 건물 주변에 관중이 모여들어 일곱 바퀴 반이나 에워쌌다는 데서 유래—옮긴이)이다.

리코란, 즉 야마구치 요시코(山口淑子)는 1920년(다이쇼 9년) 2월 12일 만주의 펑텐 교외 베이옌타이(北煙臺)에서 태어났다. 일가는 곧바로 탄광촌인 푸순으로 이주한다. 아버지는 중국어가 능숙해 만철 사원의 중국어 교육을 담당하고 있었다. 그리고 중국의 습관에 따라 요시코는 아버지의 친구인 리지춘(李際春) 장군(당시 선양은행 총재)과 명목상 친자관계가 되고, 그때 리코란이라는 이름을 받는다. 그것이 훗날 그녀의 예명이 되었다.

노래와 중국어가 뛰어났던 요시코는 당초 펑텐의 라디오방송국에 가수로 스카우트되었다가 만주국 건국 후에 창설된 국책 영화사인 만주영화협회, 통칭 만영(滿映)에 배우로 기용된다. 본인은 그저 노래만 부르면 되는 줄 알았는데 만영은 그녀를 전속 여배우로 키웠다.

일본 영화에도 출연함으로써 인기가 급상승, 일본 청년들의 대륙에 대한 동경을 한껏 부추겼다. 왜 자신이 중국인 여배우 리코란으로 연기를 해야 했는지, 훗날 그런 의문 때문에 잠을 못 이룬 날이 계속되었다고 한다.

하마마쓰(浜松) 서적잡지상 조합이 싱가포르 함락을 축하하기 위해 발행한 그림엽서. '기원 2602년'이라는 기념 스탬프가 찍혀 있다. 아울러 싱가포르 공략을 지휘한 것은 '말레이의 호랑이'라는 별명으로 알려진 야마시타 도모유키(山下奉文) 제25군 사령관이다.

1942년(쇼와 17년) 2월
싱가포르의 함락

1941년(쇼와 16년) 12월 8일 진주만 기습 공격으로 미군에 대해 우위를 점한 일본군은 17일 뒤에 영국군을 격파한 뒤 홍콩을 점령했고, 그 8일 뒤인 이듬해 1월 2일 마닐라를 지배했다.

나아가 2월 15일 싱가포르를 방위하고 있던 영국군이 항복, 그곳을 함락시켜 석유며 광물자원 확보를 위한 남방작전에 커다란 탄력을 불어넣었다.

일본 국내에서는 동남아시아 주요 거점을 차례차례 손아귀에 넣어가는 파죽지세의 진격에 축하 분위기가 넘쳐흘렀는데, 예를 들면 도쿄의 히비야공원에서 열린 축하회에는 10만 명의 인파가 몰려들었다.

한편 대본영은 싱가포르를 쇼난도(昭南島)로 개칭한다고 발표, 저 유명한 호텔 래플즈도 쇼난 료칸으로 바꿔 불렀다. 또 함락 후 한 달 반여 만에 항일 중국인 약 7만 명을 검거하는 등 강력한 통치력을 행사했다. 그리고 골프장에 인접해 있는 밀림을 신궁의 숲이라 여기며 포로를 동원하여 쇼난신사를 건립하고, 함락 1년 뒤에 신을 모셨다.

그러나 싱가포르 함락 4개월 뒤, 미드웨이해전에서 대패를 당한다. 그것이 빌미가 되어 미일 간의 전세가 역전되면서, 앞서 언급했던 축하회 같은 행사는 볼 수 없게 되었다.

1945년(쇼와 20년) 8월

히로시마와 나가사키에 원폭투하

'에노라 게이'라는 어머니 이름을 애기(愛機)에 붙인 폴 티벳츠(Paul Warfield Tibbets, Jr.) 기장은 마리아나군도 남부에 위치한 테니안섬을 이륙하여 히로시마 상공에서 한 발의 폭탄을 떨어뜨렸다. 미국의 로스앨러모스국립연구소에서 개발되어 바로 3주 전에 뉴멕시코주 사막에서 실험에 성공한 원자폭탄이다.

8월 6일 오전 8시 15분, 여느 때처럼 푹푹 찌는 여름날 아침을 맞이한 히로시마는 눈 깜짝할 사이에 폐허로 변했다. 그때까지 이렇다 할 타격을 입지 않았던 군사도시는 즉사자만 8만 명을 헤아렸다.

7월에 미·영·소 3개국 수뇌의 포츠담회담이 열렸고, 26일 대일전 종결에 관한 포츠담선언이 발표되었지만 일본은 이를 묵살했다.

8월 8일에는 소련이 일본에 선전포고를 하며 사할린과 조선, 만주로 진격했다. 그 다음날 미국은 또 다시 나가사키에 원폭을 투하했다.

미국은 왜 그렇게 서둘러 재차 원폭을 투하했을까? 이는 소련을 견제하고 하루라도 빨리 일본의 무조건 항복을 받아내기 위해서였다고 한다.

당초 일본은 폭탄을 '신형 폭탄'이라고만 발표했다가, 14일에는 그 폭탄이 원자폭탄이라고 다시 발표하고 나서 다음날 항복했다.

간토대지진으로 불에 타버린 경시청 터를 불하받아 와타나베 진(渡邊仁)의 설계로 1938년(쇼와 13년) 준공. 6년 10개월 동안 GHQ(연합국 총사령부)가 있었다. 현재는 이 건물 뒤편에 DN타워21이 솟아 있다.

다이이치생명 본관에 개설된 GHQ

아쓰키(厚木)비행장에 도착한 9일 뒤인 이해 9월 8일에 연합국 최고사령부 장관 더글러스 맥아더는 도쿄에 모습을 드러냈다.

그 사흘 전, 도쿄에는 수많은 미군이 주요 건물을 시찰하고 다녔다. 그때 다이이치생명의 야노 이치로(矢野一郎) 상무는 "GHQ가 들어갈 건물을 찾고 있을 것"으로 예상하고, 장교에게 "누가 보더라도 여기가 될 것"이라고 말했다. 창업자의 아들인 야노는 사병들보다는 장교가 건물을 더 소중하게 사용하리라고 기대한 것이다.

그의 예측은 맞아떨어졌다. 맥아더 자신도 시찰을 한 뒤 내부가 훤한 5층의 임시 사장실을 집무실로 사용하고 싶어했지만, 측근들은 6층의 미국산 호두나무로 꾸민 사장실을 추천, 마지못해 승낙했다고 한다.

맥아더는 당시 다이이치생명의 사장으로 있던 이시자카 다이조(石坂泰三)의 책상을 그대로 사용했고, 그 책상 위에서 일본의 민주화 정책을 다듬고 결정했다. 책상에는 서랍이 없었는데, 무슨 일이든 판단과 결정을 미루기 싫어하는 맥아더에게는 안성맞춤이었을 것이다.

야노의 수기에 의하면 7층에는 식당이 있어 1000명 정도의 식사를 제공했는데, 한때 그곳의 잔반이 식량난에 허덕이던 도쿄의 시중에 나돌기도 했다고 한다.

저자 후기

이 책 집필에 본격적으로 착수할 무렵인 2004년 늦은 가을, 처음으로 도쿄 후시미모모야마에 있는 메이지 천황릉을 찾았다. 구름 한 점 없는 파란 하늘 아래 능은 짙푸르게 우거진 수많은 소나무를 비롯한 수목들에 둘러싸여 한가롭고도 우아한 모습을 보여주고 있었다.

그 상쾌하고 안온한 분위기에 이끌려 나는 부근을 산책하고 있던 노인에게 "경치가 참 좋군요"라며 말을 걸었다. 그러자 노인은 뜻밖의 이야기를 털어놓았다.

"소나무만 하더라도 많이 줄어들었지. 전성기 때에 비하면 3분의 1도 안 될 걸."

서문에서도 언급한 화장품회사의 경영자이자 그림엽서 수집가인 레오나드 로더는 도록(圖錄) 『아름다운 일본의 그림엽서전(美しき日本の繪葉書展)』에서 그림엽서 수집을 시작할 당시의 상황을 이렇게 적어 놓았다.

"내가 그림엽서 수집에 몰두하기 시작한 것은 어렸을 때부터다. 여러 차례의 겨울을 마이애미비치의 학교에서 보낸 나는 그곳에서 아르데코양식(1920년대에서 30년대 전반에 걸쳐서 프랑스를 중심으로 유럽에서 유행한 공예, 그래픽 패션 등의 디자인 사조—옮긴이)으로 된 호텔 그림엽서를 모으기 시작했다."

필자가 그림엽서를 모으기 시작한 것도 호텔 그림엽서가 처음이었다. 호텔사 연구의 일환으로 고서점이며 고서시장, 골동품시장을 돌며 옛날 호텔 그림엽서를 찾아다녔다. 그러는 사이에 관심이 넓어져갔다. 여객선이며 역사(驛舍), 노면전차와 케이블카 등 여행이나 교통에 관한 것. 중후하고 화려한 서양 건축이며 교량과 같은 건축물, 진귀한 사물들과 옛 향수에 젖게 만드는 풍경 등, 수집 테마가 다양한 방면에 이르게 된 것이다. 그 수확의 일부를 앞서 저술한 『호텔과 일본 근대(한글판 『호텔』, 논형) 유재연 역』의 집필을 마치고, 세큐샤의 야노 게이지 씨에게 보여주었더니 예사롭지 않은 관심을 나타냈다. 이러한 경위로 이 책이 탄생되었다.

이 책에서는 GHQ 본부 설치를 끝으로 마무리를 지었는데, 꼭 보여주고 싶은 그림엽서가 한 장 더 있다. 그것을 마지막으로 소개하고 싶다.

그 그림엽서에는 '애니바일극장'이라고 기록되어 있다. 정확하게 표기하자면 '애니 바일 극장'이라고 해야 옳다.

점령군은 1934년(쇼와 9년) 9월에 개장한 도쿄 히비야의 도쿄 다카라즈카극장을 1945년(쇼와 20년) 12월에 접수하여 애니 바일 극장으로 명칭을 바꾸었다. 그리고 그곳에서 1954년(쇼와 29년) 12월 25일까지 장병들에게 오락거리를 제공했다.

그 이름의 근거가 된 애니 바일이 누구인지 궁금해 조사를 해보았다. 그는 미군 종군기자였다. 오키나와전에서 미군과 함께 본도의 서부 앞바다에 있는 이에지마(伊江島)에 상륙 후 일본군에게 저격당해 목숨을 잃은 인물이다.

그는 병사들과 매우 친숙한 사이였다고 한다. 그런 관계로 극장에 그의 이름을 붙였고 이런 그림엽서까지 발행되었다. 그림엽서를 자세히 보면 극장 외벽에 그의 모습으로 보이는 커다란 사진이 걸려 있다.

그러나 2800석 가까이 되는 대형 다카라즈카극장이 그의 이름으로 바뀌었을 때 당시 일본인들은 그에 대해 얼마나 알고 있었을까? 그림엽서를 손에 넣고 나서 그런 의문을 좀처럼 떨쳐버릴 수가 없었는데, 어느 고서시장에서 우연히 그의 저서를 발견했다. 책이름은 『최후의 장(最後の章)』. 발행은 1950년(쇼와 25년)이다. 역자인 다키구치 슈조(瀧口修造)는 역자 후기 맨 앞에 이렇게 써놓았다.

"종전이 되고 미군이 진주하면서 우리들의 귀에는 애니 바일이란 이름이 여기저기서 들렸다. 그리고 마침내 히비야에 애니 바일 극장이 생겼다. 애니 바일은 어떤 사내였을까? 종군기자로서 그토록 미군 병사들과 친하게 지냈다는 그는 도대체 어떤 글을 썼을까? 일본인인 우리에게도 일종의 호기심을 자극했다."

필자도 호기심을 품고 책을 읽어보았다. 그러나 『최후의 장』에는 전쟁이라는 극한 상황을 느끼게 하는 피비린내 나는 묘사가 한 줄도 없었다. 한마디로 말하면 병사들과의 교류를 담담한 필치로 써 내려갈 뿐이었다.

일례를 들어보자. 오키나와에 상륙한 뒤 병사들은 모기와 벼룩에 무척 시달렸다. 어느 날 밤, 모기와 벼룩에 뜯겨 가려움 때문에 잠을 못 드는 병사가 "이런 빌어먹을! 잠을 잘 수 있어야지 원. 확! 다 벗어버려야겠어" 하고 상당히 추운 날씨인데도 옷을 다 벗어버렸다. 동료들이 그것을 보고 웃음을 터트리는 광경을 묘사한 뒤 종군기자는 이렇게 글을 이어간다.

"이 불행한 사내는 미시건주 잭슨 프랜시스 코트 101번지 출신의 리랜드 라이러 하사였다."

기자는 병사의 고향이 어디인지를 반드시 밝혀 놓았다. 이런 따듯한 시선이 기자의 커다란 재산이었다.

막부 말기, 일본의 개국을 강요한 페리 제독은 처음 일본에 온 뒤 3년이 지나 출판한 『일본원정기(日本遠征記)』에서 이렇게 묘사했다.

"일본 직인들의 기술수준은 세계 어느 나라에 견주어도 뒤떨어지지 않으므로, 국민들의 발명에 대한 능력이 더욱 더 자유롭게 발휘될 수 있다면 세계에서 가장 제조업이 발달된 나라와 어깨를 나란히 할 날도 멀지 않을 것이다."

그의 예상은 적중했다. 일본은 단기간에 세계 1등 국가 대열에 합류했다.

그런데 앞의 애니 바일은 『최후의 장』에서 포로가 된 일본인들을 보고, 당시 일본인들이 읽었다면 분개할 만한 글을 써놓았다.

"유럽에서도 우리들의 적은 불쾌하고 이가 갈리는 놈들인 것은 사실이지만, 그래도 여전히 보통 사람들이라는 느낌을 가졌다. 그런데 이곳에 오자마자 우리는 적이 '뭔가 인간 이외의 꺼림칙한 존재' 라도 되는 것처럼 느껴졌다."

일본인에 대한 제독과 종군기자의 인상은 시대를 경과하면서 하늘과 땅 차이처럼 벌어졌다. 일본인은 언제부터 꺼림칙한 존재가 되었을까?

'근대' 로 한데 묶는다고 하더라도 메이지·다이쇼·쇼와 각 시대의 특색은 커다란 편차가 있다. 시대는 시시각각으로 변화했고 일본인의 정신 풍토 또한 변화해왔다. 당연하다면 당연한 일이겠지만, 메이지 천황릉의 풍광을 크게 바꾸었듯이 시간의 경과는 사람들의 마음을 가차없이 바꾸어버렸다.

'근대' 란 한마디로 표현하면 서양화의 시대다. 세계 1등 국가 대열에 올라서기 위해 수많은 사람들이 새로운 나라를 만들려고 노력했다. 서양 문화와 문명이라면 무엇이든 탐욕스럽게 집어삼켜 자신들의 생활관습을 송두리째 바꿔버렸다. 그것이 한 장 한 장의 그림엽서에 고스란히 담겨 있다.

그러나 다른 말로 표현하면 근대는 분명 전쟁의 시대이기도 했다. 야스쿠니 신사에는 2004년 10월 17일 현재 대동아전쟁의 전몰자 213만 3915명을 포함, 246만 6532명의 위패가 합사되어 있다. 또 신사 내에 있는 유슈칸에는 근대 이후의 전몰자 약 4000명의 영정 사진이 걸려 있다. 합사의 내용에 대해서는 여러 의견이 있겠지만, 그러한 숫자와 영정이 방문객들을 압도한다.

도베 료이치(戸部良一) 방위대학 교수는『역설의 군대(逆說の軍隊)』에서 근대의 상황을 다음과 같이 단순 명쾌하게 정리한다.

"일본은 흑선(黑船)이라는 외압에 의해 그러한 가혹한 세계(제국주의에 의한 영토확장 전쟁 — 인용자 주)로 내팽개쳐졌는데, 설령 약소국이라 하더라도 살아남기 위해서는 끊임없이 대외적 안전보장을 도모하고 군사력을 충분히 확보할 필요가 있었다. 또 스스로 제국주의 국가의 대열에 합류하기 위해서라도 군사력의 정비와 확충은 필수불가결한 요소였다. (중략) 생물의 적자생존이나 약육강식과 마찬가지로 국가 또한 가혹한 환경에 적응하면서 성장하지 않으면 멸망한다는 사회진화론이 마치 진리라도 되는 것처럼 받아들여졌다."

모든 것이 세계 1등 국가, 아니 제국주의 국가의 대열에 합류하기 위해서였다. 그런 강렬한 욕망이 일본인을 꺼림칙한 존재로 만들었는지도 모른다.

이 책에서는 300매가 넘는 그림엽서로 근대의 풍경을 살펴보았다. 그 중에서 특히 잊을 수 없는 것이 있다.

예를 들면 교토의 시영전차를 담은 그림엽서다. 그 속에 한 소녀가 있다. 확대경으로 자세히 들여다보면, 누군가를 바라보고 있는 듯이 보이는 그녀는 밝게 웃고 있다. 후쿠시마현청 앞에는 자전거를 탄 소년이 카메라 쪽으로 얼굴을 돌리고 있다. 그녀/그는 그 후 행복한 인생을 보냈을까? 이런 그림엽서를 보면 항상 이런 생각에 사로잡힌다.

도미타 쇼지

참고문헌

增尾信之 編(1964), 『光村利藻傳』, 光村原色版印刷所(光村利之).

新宿區立新宿歷史博物館 編(1999), 『巷の目擊者』, 新宿區立新宿歷史博物館.

小學館編集部(1997), 『日本美術館』, 小學館.

日本経濟新聞社編集部(2004), 『美しき日本の繪はがき展』, 日本経濟新聞社.

加藤祐三(1993), 『黑船異變』, 岩波書店.

エライザー. ルアマ. シッドモア, 恩地光夫 譯(1986), 『日本・人力車旅情』, 有隣堂.

齋藤俊彦(1979), 『人力車』, 産業技術センター.

前島密(1936), 『郵便創業談』, 遞信協會.

小林政義(2002), 『みんなの郵便文化史』, にじゅうに.

中村哲(1992), 『明治維新』(『日本の歷史』 第16卷), 集英社.

大藏省造幣局 編(1976), 『造幣局百年史』, 大藏省造幣局.

每日新聞社 編(1968), 『大阪百年』, 每日新聞社.

讀賣新聞社大阪本社社會部 編(1985), 『浪花寫眞館』, 朋興社.

玉井哲雄編. 石黑敬章企畵(1992), 『よみがえる明治の東京』, 角川書店.

戶部良一(1998), 『逆說の軍隊』(日本の近代 9), 中央公論社.

交通博物館/交通科學館編(1972), 『鐵道記念物ものがたり』, 交通博物館/交通科學館.

ドナルド・キン(2003), 『明治天皇を語る』, 新潮社.

富田昭次(2002), 『ホテルと日本近代』, 靑弓社(유재연 역(2008), 『호텔』, 논형)

『目でみる東京百年』(1968), 東京都.

盛田稔, 長谷川成, 責任編集(1991), 『圖說 靑森縣の歷史』, 河出書房新社.

岩手放送 編(1988), 『新版岩手百科事典』, 岩手放送局.

後藤嘉一 編(1979), 『寫眞集 明治大正昭和 山形』, 國書刊行會.

福島民報社 編(1980), 『福島大百科事典』, 福島民報社.

飯田文彌ほか 編(1978), 『寫眞集 明治大正昭和 甲府』, 國書刊行會.

信濃每日新聞社 編(1974), 『長野縣百科事典』, 信濃每日新聞社.

中國新聞社 編(1982), 『廣島縣大百科事典』, 中國新聞社.

新日本海新聞社 編(1974), 『鳥取縣大百科事典』, 新日本海新聞社.

佐佐木克(1992),『日本近代の出發』(「日本の歷史」第17卷), 集英社.

札幌市教育委員會 編(1980),『豊平館・淸華亭』(「さっぽろ文庫15」).

坪內祐三(1999),『靖國』, 新潮社.

村上重良(1986),『靖國神社』, 岩波書店.

山中恒(2003),『すっきりわかる「靖國神社」問題』, 小學館.

東京國立博物館 編(1952),『東京國立博物館略史』, 東京國立博物館.

椎名仙卓(2002),『大正博物館秘話』, 論創社.

三宅晴輝(1953),『日本銀行』, 文藝春秋新社.

日本銀行史料調査室 編(1962),『日本銀行80年史』, 日本銀行.

三菱造船 編(1957),『創業百年の長崎造船所』, 三菱造船.

横浜稅關 編(1981),『横浜稅關百二十年史』, 横浜稅關.

半澤正時 編(1989),『横浜繪葉書』, 有隣堂.

文部省(1972),『學制百年史』.

東京大學總合研究資料館(1988),『東京大學本鄉キャンパスの百年』.

寺崎昌男(1992),『プロムナード東京大學史』, 東京大學出版會.

仲新監修(1979),『學校の歷史』第五卷, 第一法規出版.

宮原安春(1991),『輕井澤物語』, 講談社.

サンケイ新聞社 編(1977),『日赤百年』, サンケイ新聞社.

大日本國民敎育會 編(1929),『宮崎寫眞帖』, 大日本國民敎育會.

博物館明治村 編(1991),『明治宮殿の杉戶繪』, 博物館明治村.

トク・ベルツ編. 菅沼龍太郎 譯(1979),『ベルツの日記(上)』, 岩波書店.

社團法人日本橋梁建設協會 編(1984),『日本の橋鐵の橋百年のあゆみ』, 朝倉書店.

土木圖書館編(1992),『繪葉書に見る日本の橋』, 柘植書房.

財團法人大阪都市協會(2002年7月號),『大阪人』.

松村博(1998),『日本百名橋』, 鹿島出版會.

松竹映畫社 編(1993),『歌舞伎座百年史』, 松竹.

『新編日本山岳名著全集』第1卷(1976), 三笠書房.

佐藤貢(1963),『著アルプスの主 嘉門次』, 朝日新聞社.

東日本旅客鐵道 編(1988),『東京驛と煉瓦』, 東日本旅客鐵道.

木村毅(1966),『廣島大本營の明治天皇』, 雪華社.

三菱地所 編(1952),『縮刷丸の內今と昔』, 三菱地所.

京都新聞社 編(1978),『京都市電物語』, 京都新聞社.

原口隆行(2000),『日本の路面電車Ⅲ』, JTB.

『チンチン電車80年』(1973), 立風書房.

原口隆行(2002),『繪葉書に見る交通風俗史』, JTB.

梅崎大夢(1999),『雜錄 春帆樓』, 正風書舍.

朝日新聞社 編(1977),『日本の宿』, 朝日新聞社.

山本祐司(1994),『最高裁物語 上卷』, 日本評論社.

建設大臣官房官廳營繕部 監修. 社團法人公共建築協會(1995),『霞ヶ關百年』.

曾野綾子・高橋重幸(1991),『雪原に朝陽さして』, 小學館.

小笠原省三(2004),『海外神社史』, ゆまに書房(復刻板).

嵯峨井健(1998),『滿洲の神社興亡史』, 芙蓉書房出版.

滿洲回顧集刊行會(1965),『ああ滿洲』, 滿洲回顧集刊行會.

中島洋(2003),『サイパン・グアム 光と影の博物誌』, 現代書館.

菅造二(2004),『日本統治下の海外神社』, 弘文堂.

平野光雄(1958),『明治・東京時計塔記』, 靑蛙房.

田中政治(2003),『新訂勸工場考』, 田中經營研究所.

初田亨(1981),『都市の明治』, 筑摩書房.

明治村東京事務所 編(1979年11月號),『明治村通信』, 明治村東京事務所.

藤野幸雄(1999),『圖書館史・總說』, 勉誠出版.

東條文規(1999),『圖書館の近代』, ポット出版.

八尾政治 編(1978),『寫眞集 明治大正昭和 富士』, 國書刊行會.

愛知縣西尾市 編(1978),『西尾市史 近代 四』, 愛知縣西尾市.

遞信總合博物館 監修. NTT 出版(1990),『日本人とてれふぉん』.

八幡製鐵所 編(1950),『八幡製鐵所五十年史』, 八幡製鐵所.

奧島孝康ほか 監修(1990),『エピソード早稻田大學125話』, 早稻田大學出版部.

『岬と燈臺』(「日本發見」第三十五號)(1982), 曉敎育圖書.

西村貫一(1930) ,『日本ゴルフ史』, 文友堂.

デアゴスティーニ・ジャパン(2005),『週刊100人 東鄕平八郎』通卷81號

『株式會社三越85年の記錄』(1990), 三越.

梅本造志(1988),『三越物語』, テイビーエス・ブリタニカ.

白木屋 編(1957),『白木屋三百年史』, 白木屋.

菱山辰一(1961),『伊勢丹75年の歩み』, 伊勢丹.
大丸 編(1967),『大丸二百五拾年史』, 大丸.
松屋 編(1969),『松屋百年史』, 松屋.
福井新聞社 編(1991),『福井縣大百科事典』, 福井新聞社.
飛田健彦(1998),『百貨店ものがたり』, 國書刊行會.
撫順觀光協會 編(1937),『撫順觀光案內』, 撫順觀光協會.
原勢二(2000),『芒なり滿鐵』, 新人物往來社.
東京市 編(1937),『日比谷公園』, 東京市.
大森盛太郎(1986),『日本の洋樂 I』, 新門出版社.
國書刊行會 編(1986),『目でみる樺太時代 I』, 國書刊行會.
橋爪紳也(1998),『祝祭の '帝國' 』, 講談社.
竹田道太郎(1977),『原三溪』, 有隣堂.
田中祥夫(2000),『ヨコハマ公園物語』, 中央公論新社.
南滿洲鐵道 編(1919),『南滿洲鐵道株式會社十年史』, 南滿洲鐵道.
南滿洲鐵道 編(1935),『滿洲と滿鐵』二五九五年版, 南滿洲鐵道.
小林英夫(1996),『滿鐵』, 吉川弘文館(임성모 역(2004),『만철』, 도서출판 산처럼).
西澤泰彦(1996),『滿洲」都市物語』, 河出書房新社.
新京案內社(復刻・アートランド), 1937(1986),『國都新京案內』.
赤瀬川原平. 吉野孝雄 編(1985),『宮武外骨 滑稽新聞 別册繪葉書世界』, 筑摩書房.
中野秀雄 編(1964),『東洋汽船六十四年の歩み』, 東洋汽船.
島岡宏(1978),『ハワイ移民の歷史』, 國書刊行會.
野間恒. 山田廸生 編(1991),『日本の客船 I 1868~1945』, 海人社.
野間恒(1993),『豪華客船の文化史』, NTT出版.
日本スケート史刊行會(1975),『日本スケート史』.
藤森照信(1993),『日本の近代建築』上・下, 岩波書店.
墨田區立綠圖書館 編(1985),『相撲・兩國・國技館』, 墨田區立綠圖書館.
井上章一(1989),『ノスタルジックアイドル　二宮金次郎』, 新宿書房.
堀和久(1997),『二宮金次郎』, 講談社.
テオドール・フォン・レルヒ, 中野理 譯(1970),『明治日本の思い出』, 中外書房.
嶺隆(1996),『帝國劇場開幕』, 中央公論社.
名橋 '日本橋' 保存會(1977),『日本橋』.

藪內喜一郎 監修(1984), 『寫眞圖說 日本消防史』, 國書刊行會.

村山茂直(2004), 『明治大正の消防』, 私家版.

日本交通公社 編(1982), 『日本交通公社七十年史』, 日本交通公社.

財團法人日本交通文化協會 編(1987), 『國鐵有情115年』, 財團法人日本交通文化協會.

岡田哲(2000), 『とんかつの誕生』, 講談社.

プレジデント社(1981), 『乃木希典』("ザ・マン"シリーズ).

吉見俊哉(1992), 『博覽會の政治學』, 中央公論社.

寺下勍解說 橋爪紳也 監修(2005), 『別册太陽 日本の博覽會』, 平凡社.

津金澤聰廣(1991), 『寶塚戰略』, 講談社.

東日本旅客鐵道 編(1990), 『東京驛と辰野金吾』, 東日本旅客鐵道.

杉崎行慕(2000), 『驛舍再發見』, JTB.

オルガ・ストルスコバ, 佐佐木昭一郎 監譯(1995), 『レッルの默示錄』, NHK出版.

大正寫眞通信社(1916年五月號), 『寫眞通信』.

朝日新聞社 編(1975), 『寫眞でみる航空史』上, 朝日新聞社.

『サライ』(1997年 5月1日號), 小學館.

奈倉文二(1984), 『日本鐵鋼業史の研究』, 近藤出版社.

明治神宮事務所(1925), 『明治神宮略記』.

毎日新聞社編(1979), 『日本海軍史』(別册「1億人の昭和史」), 毎日新聞社.

野田正穂, 中島明子編(1991), 『目白文化村』, 日本經濟評論社.

由井常彦 編(1996), 『堤康次郎』, リブロポート.

牛島秀彦(1982), 『藤原義江』, 讀賣新聞社.

木村松夫/石井敏夫 編(1990), 『繪はがきが語る關東大震災』, ?植書房.

〈藝術新潮〉, 新潮社, 1967年 10月號.

日本放送出版協會 編(1977), 『放送の五十年』, NHK.

明治神宮外苑(1998), 『明治神宮外苑七十年誌』.

原武史(2000), 『大正天皇』, 朝日新聞社.

東京地下鐵道(1934), 『東京地下鐵道史 乾』.

財團法人簡易保險加入者協會(1979), 『新しい朝が來たラジオ體操50年の歩み』.

郵政省郵務局郵便事業史編纂室(1980), 『郵便事業120年の歷史』.

東京都日比谷公會堂(1980), 『日比谷公會堂 その50年のあゆみ』.

平木國夫(1983), 『羽田空港の歷史』, 朝日新聞社.

澤和哉(1996), 『日本の鐵道ことはじめ』, 築地書館.

細川敏郎 監修, 目黑雅敍園(1990), 『時の流れ目黑雅敍園』.

「每日グラフ」(1988年 6月 12日號), 每日新聞社.

石塚裕道. 成田龍一(1986), 『東京都の百年』, 山川出版社.

井上章一(1987), 『アート・キャチュ・ジャパネスク』, 青土社.

河野司(1983), 『二・二六事件秘話』, 河出書房新社.

『未公開寫眞に見る2・26事件』(別册「歷史讀本」)(1990), 新人物往來社.

『太陽』, 平凡社, 1987年 2月號.

深田祐介(1983), 『美貌なれ昭和』, 文藝春秋.

社團法人日本損害保險協會(1988), 『災害繪圖集』.

每日新聞社 編(1952), 『每日新聞七十年』, 每日新聞社.

亘理章三郎(1940), 『皇國紀元論』, 國民敎育會.

山口淑子・藤原作彌(1987), 『李香蘭 私の半生』, 新潮社.

矢野一郎(1979), 『第一生命館の履歷書』, 國勢社.

齋藤憐(1986), 『幻の劇場アーニー・パイル』, 新潮社.

アーニイ・バイル(1950), 瀧口修造 驛『最後の章』, 青磁社.

マシュー・ペルリ, 土屋喬雄・玉城肇共 譯 1935~36年(1988), 『ペルリ提督日本遠征記』, 弘文莊(復刻・臨川書店).

※ 전편에 걸친 시리즈의 참고문헌

『月刊朝日百科 日本の歷史』, 朝日新聞社.

『再現日本史』, 講談社.

『日錄20世紀』, 講談社.

『朝日クロニクル20世紀』, 朝日新聞社.

『明治ニュース事典』, 每日コミュニケーションズ.

『大正ニュース事典』, 每日コミュニケーションズ.

『昭和ニュース事典』, 每日コミュニケーションズ.